KNAUR⭐

Heike Kottmann

»Lass mich dein Kuschelmonster sein«

Eine kleine Männerkunde –
von Frustmolch bis Sextremist

Besuchen Sie uns im Internet:
www.knaur.de

Originalausgabe April 2017
Knaur Taschenbuch
© 2017 Knaur Verlag
Ein Imprint der Verlagsgruppe
Droemer Knaur GmbH & Co. KG, München
Redaktion: Nadine Lipp
Illustrationen im Innenteil von Jörg Dommel
Covergestaltung: ZERO Werbeagentur, München
Coverabbildung: FinePic®, München / shutterstock
Satz: Daniela Schulz, Puchheim
Druck und Bindung: CPI books GmbH, Leck
ISBN 978-3-426-78884-4

2 4 5 3 1

*Für alle Männer, die sich in
diesem Buch wiedererkennen.
Mögen sie es mir verzeihen.*

Hot or not?
50 Männer in der Übersicht

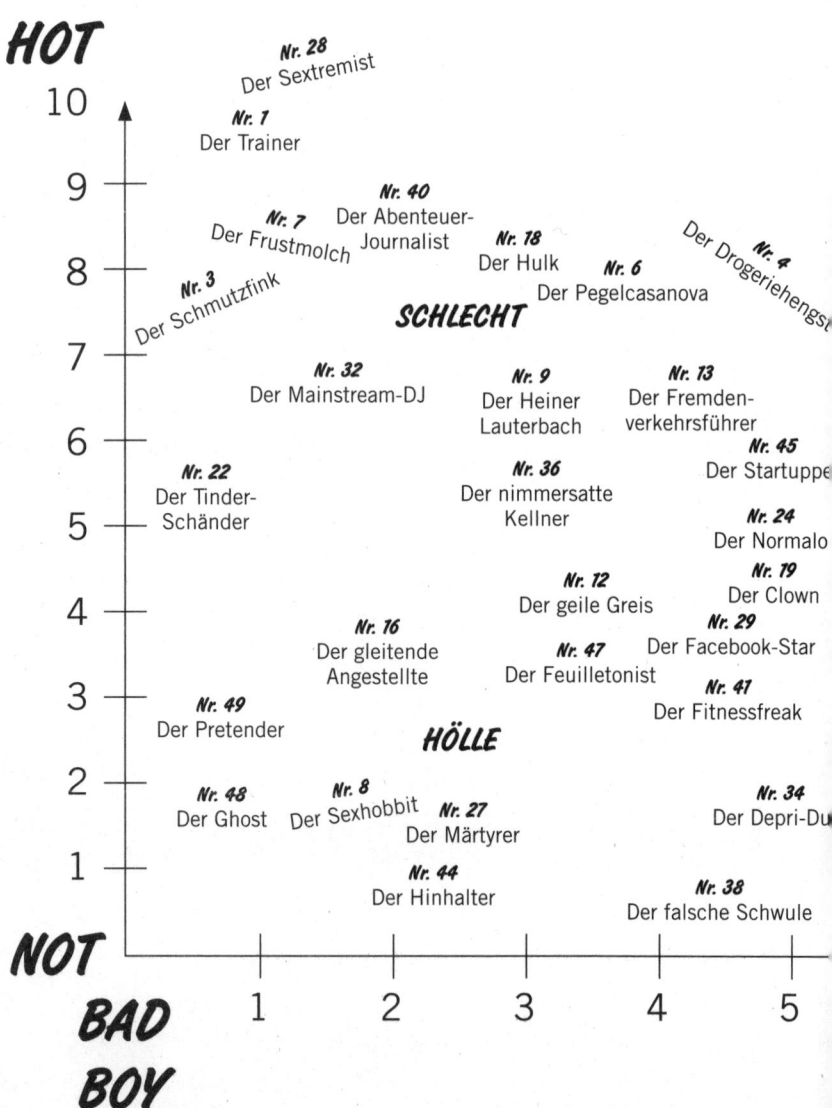

Nr. 23
Der hohle Beau

Nr. 50
Der perfekte Mann

Nr. 46
Der Lebemann

Nr. 42
Der Lokalmatador

GUT

Nr. 20
Der Hobbyist

Nr. 15
Der Ex-Promi

Nr. 33
Der Almost Lover

Nr. 25
Der Workaholic

Nr. 21
Das Kuschelmonster

Nr. 2
Der Prosa-Prinz

Nr. 37
Der Joker

Nr. 35
Der Sugar-Freddy

Nr. 39
Der Hipster

Nr. 26
Der Ödipus

GEHT SO

Nr. 10
Der Trauma-
patient

Nr. 30
Der Naturbursche

Nr. 14
Der Aussitzer

Nr. 77
Der Schwiegersohn
in spe

Nr. 43
Der Indie-Bubi

Nr. 31
Der Indie-DJ

Nr. 5
Der Liebesdiener

Nr. 11
Die ewige Jungfrau

6   7   8   9   10

GOOD GUY

Vorwort

>*Solange du weißt, dass Männer*
>*wie Kinder sind, weißt du alles.*«
>
>Coco Chanel

*F*ast alles, was je über Männer geschrieben wurde, ist wahr. Wenn Coco Chanel Männer also für Kinder hält (triebgesteuert, berechenbar und trotzdem irgendwie süß), dann hat sie wohl eine Menge kennengelernt. Wie jede Frau im Laufe ihres Lebens. Auf der Arbeit, bei der Partnersuche, im Nachtleben. Auf den ersten Blick sind manche Männer attraktiv. Aber welcher Mann eignet sich wirklich für eine längerfristige oder gar ernsthafte Beziehung? Manche taugen ja nicht einmal für ein zweites Date. Man könnte auch sagen: Frauen sind kompliziert, Männer sind komplizierter.

Dabei halten sich die meisten Männer mitsamt ihren Eigenarten und Macken für individuell. Sie denken, man könne sie in keine Schublade stecken. Sie denken, sie seien einzigartig und besonders. Diese Sichtweise dient vielen Männern als Ausrede für jedes Fehlverhalten im Umgang mit Frauen.

Die meisten Männer unterscheiden sich zwar durchaus in Stil, Verhalten und Aussehen, aber garantiert kommt jeder Mann unter den folgenden 50 Typen vor.

Wer trotz der komplizierten Männer keine Lust hat, für

alle Zeit alleine zu bleiben, muss sich wohl auf ihre verrückte Welt einlassen. Damit Frauen wenigstens schneller merken, ob sie eine Niete oder das große Los gezogen haben, sind in diesem Buch 50 Männertypen versammelt. Nicht alle sind grundverschieden, manche Männer können auch zwei oder drei Typen gleichzeitig verkörpern. Sie sind quasi eine Melange an Schrullen und Unverbindlichkeiten.

Die Liste ist sicher nicht vollständig, denn die Männerwelt wird, ähnlich den Zeiten, immer komplexer: Früher gab es die Unterscheidung zwischen Softies und Machos, heute gibt es Hipster, Schmerzensmänner, Alphatiere, Proleten, Workaholics, Sexverweigerer und Depressive.

In diesem Buch sind alle diese Männer aufgelistet, denen man beim Daten früher oder später garantiert begegnen wird: Männer, die ihre Freiheit lieben und sich nicht binden wollen. Männer, die verschwurbelte Nachrichten via WhatsApp versenden oder nur betrunken Liebesschwüre aussprechen, Männer, die sich für nichts auf der Welt begeistern können – außer für ihr bizarres Hobby.

Die gute Nachricht lautet: Männer sind zwar kompliziert, aber eben auch durchschaubar. Und sobald man sie durchschaut hat, erkennt man, dass einige die Mühe durchaus wert sind.

Nr. 1
Der Trainer

*E*r arbeitet als Tennislehrer, Surflehrer oder Skilehrer. Er ist in einem größeren Hotelkomplex angestellt, von dort aus geht er auf die Pirsch. Sein Wirkungskreis ist der Geräteverleih: Dort sitzt der Trainer gefühlte vierundzwanzig Stunden am Tag neben seinen Kollegen auf einem weißen Plastikstuhl und hört »Café del Mar«.

Der Trainer sieht gut aus, hat eine gesunde Gesichtsfarbe, außerdem ist er nonstop super gelaunt. Auf Frauen wirkt er ein bisschen wie Patrick Swayze in »Dirty Dancing«: Heiß, obwohl (oder gerade weil) man ihn niemals zum Weihnachtsessen der Eltern nach Winterhude mitbringen würde. Geschweige denn auf die nächste Betriebsfeier.

Der Trainer hat nur einen Vornamen und läuft den ganzen Tag in Badehose herum oder oben ohne im Neoprenanzug. Auf der Skipiste trägt er maximal ein T-Shirt, damit alle seinen trainierten Körper sehen.

Seine Aufreißstrategie ist gleichermaßen simpel wie erfolgreich: Bereits bei der ersten Begrüßung scannt er die Gruppe nach flirtfreudigen Frauen ab. Dann testet er mit zweideutigen Witzen, wer aus seiner Schülerinnengruppe am lautesten lacht. Wenn er dann nach dem Kurs einer seiner Auserwählten noch »ein paar Schwünge« extra beibringen will, ist der Weg über den Après-Ski/die Strandbar und von dort in die Privatunterkunft des Trainers nicht mehr weit.

Die Mischung aus fachlicher Kompetenz als Lehrer und sozialem Engagement als Kümmerer macht den Trainer für manche Frauen attraktiv. Schließlich ist der Trainer gleichzeitig auch der **#Lokalmatador** seines jeweiligen Skigebiets/Strandabschnitts/Tennisplatzes und kennt die besten Kneipen und die geheimsten und schönsten Wellen/Abfahrten. Außerdem wirkt er verbindlich, und du fühlst dich unter Umständen geschmeichelt, weil er dir das Surfboard ausleiht, ohne ein Pfand dafür zu verlangen.

Weil im Ski- oder Surfurlaub natürlich kein anderes Thema so dominant ist wie der jeweilige Sport, ist der Trainer eine Art Guru in diesem Urlaub. Vor allem imponiert es einigen Frauen, wenn ein Mann etwas so unbestreitbar gut beherrscht wie der Trainer seinen Sport (dass er allerdings *nur* diesen Sport beherrscht, interessiert erst mal nicht). Durch die Hilfestellung kommt er den Frauen zusätzlich körperlich schnell sehr nahe. Sowieso ist die Hilfestellung für den Trainer eine Art Vorspiel. Wenn seine Hand vom Rücken etwas tiefer wandert und die Frau dem Trainer keine Ohrfeige gibt, weiß er: Da geht noch mehr.

Der Trainer ist ähnlich wie der Animateur im Cluburlaub stets äußerst charmant: Er begrüßt die Einheimischen per High five, drückt vorbeilaufenden Kindern ein Eis am

Stiel in die Hand. Selbst für die unattraktivste Frau aus der Gruppe hat der Trainer noch ein Kompliment parat. Auch das ist natürlich Teil seiner Strategie.

Weil alle Menschen, mit denen der Trainer zu tun hat, im Urlaub sind, verströmt auch er eine entspannte Stimmung. Alles ist easy, alles soll Spaß machen, nichts erinnert an Arbeit oder die Beziehungsprobleme mit dem daheimgebliebenen Partner.

Aus seinem Geräteverleih verkauft er nicht nur überteuerte Surfboards, sondern auch eine Art Einstellung: Hier, in diesem Urlaub, in dieser Strandbar, findet das entspannte Leben statt, von dem ihr Städter alle nur träumen könnt. Dabei ist der Trainer gar kein richtiger Aussteiger, sondern verdingt sich fernab der Saison in einem Callcenter in Innsbruck/Barcelona.

Solltest du dich während deines Urlaubs einmal in die Privatunterkunft des Trainers verirren, sei bitte nicht enttäuscht. Zum einen lebt er auf achtzehn Quadratmetern ohne Fenster mit drei anderen Trainern zusammen, zum anderen zeugt sein Kondomvorrat auf dem Nachttisch bereits davon, dass du nicht die einzige Frau für ihn bist.

Übrigens, besonders gut unterhalten kannst du dich mit dem Trainer nicht: Der Alpen-Lover spricht nur von »Gaudi« und seinen »Burschen«, die er gleich noch treffen will, und der Surfer-Boy ist den ganzen Tag bekifft und kann sich deinen Namen nicht merken. Der Tennislehrer, der manchmal auch ein sozialer Aufsteiger ist und sich aus einfachen Verhältnissen durch den Sport emporkämpft, fragt dich übrigens nach drei Tagen ganz direkt, ob du ihm nicht einen Job in deiner Firma besorgen kannst.

Das macht aber nichts, weil die Beziehung zum Trainer am letzten Tag deines Urlaubs automatisch endet. Niemals solltest du auch nur auf den Gedanken kommen, den Trainer im nächsten Urlaub wieder aufzusuchen, denn bis dahin hat er dich längst vergessen.

Du ihn hoffentlich auch.

Das mag er: Glühwein, Late-Check-out

Das mag er nicht: Familienurlaub, Sonnenbrand

Style-Accessoire: Oakley-Sonnenbrille

So gibst du ihm den Laufpass: Du löst die Reiserücktrittsversicherung ein.

Sexpartner pro Jahr: kommt auf die Länge der Saison an

Nr. 2
Der Prosa-Prinz

Er ist der digitale Shakespeare unter den Männern. Einer, der die Liebe leidenschaftlich gern mit vielen Worten beschreibt – und sich dabei immer auf dem neuesten Stand der Technik befindet. Früher griff der Prosa-Prinz für seine literarischen Ergüsse nach Büttenpapier und Federkiel, heute sülzt er die Frau seiner Träume per Facebook und WhatsApp voll.

Die gute Nachricht zuerst: Der Prosa-Prinz verliebt sich schnell und intensiv. Leider ist er verliebter in die Vorstellung von Liebe selbst als in die Frau. Auf der Suche nach seiner Traumfrau bedient sich der Prosa-Prinz allen Möglichkeiten der schriftlichen Kommunikation. Ohne digitale Medien wäre er aufgeschmissen. Im wahren Leben ist er eher schüchtern bis schweigsam, man könnte ihn sogar für leicht verstockt halten, dafür dreht er digital so richtig auf: Per WhatsApp und Facebook macht er einer Frau zuerst Komplimente, dann verschickt er Songtexte, hübsche Bonmots und Blumen-Emoticons. Später landen ganze Bücher samt Anmerkungen im Postfach seiner Angebeteten.

Das erste Kennenlernen mit dem Prosa-Prinzen verläuft

zunächst ohne Worte: Er hypnotisiert in der Bar zuerst seinen Drink, dann dich, irgendwann fragt er einen gemeinsamen Bekannten, ob du eigentlich auf Facebook bist – und formuliert den restlichen Abend in Gedanken bereits den Wortlaut der Nachricht, die er dir drei Tage später gegen 3.17 Uhr schicken wird. Der Prosa-Prinz glaubt an das Schicksal und daran, dass er die zukünftige Mutter seiner Kinder nicht mit irgendeinem 08/15-Spruch in einer Bar aufreißen kann. Die erste Unterhaltung muss daher möglichst episch sein und mindestens so, dass man den Dialog jederzeit in einer Degeto-Produktion in der ARD ausstrahlen könnte.

Du bekommst also nach einiger Vorlaufzeit eine nächtliche Nachricht des Prosa-Prinzen, aus der man in jeder Zeile die Mühe herauslesen kann, die er sich beim Fabulieren gemacht hat. Das ist rührend, romantisch – und auch ein bisschen peinlich. Die Nachricht ist lang und verschwurbelt, es geht um Gott und die Welt, das Wetter und die Ziele, die man im Leben noch hat, du musst die Nachricht mindestens dreimal lesen, um zu verstehen, was der Prosa-Prinz dir damit überhaupt sagen will. Vielleicht siezt er dich sogar, aus halb ironisch, halb ernstgemeinter Höflichkeit. Ziemlich wahrscheinlich scannt er im Anhang auch noch ein Bild ein, das er gemalt oder neulich auf dem Heimweg fotografiert hat. Nachdem du also eine halbe Minute lang auf deinem Display nach unten gescrollt hast, fragt dich der Prosa-Prinz zwischen zwei Absätzen tatsächlich nach einem ersten Date. Puh.

Solltest du zusagen, erwartet dich Folgendes: Der Prosa-Prinz ist aufmerksam und charmant und hört gern zu. Bereits beim zweiten Glas Wein fragt er dich nach deiner Religion / deinem Gehalt / deinem Kinderwunsch oder sonst einer Indiskretion, die man beim ersten Date eigentlich lieber auslässt. Aber weil der Prosa-Prinz ein großer Romantiker ist, möchte er möglichst schnell alle deine Geheimnisse kennen und mögliche Hürden überwinden. Nach eurem ersten Treffen, während du noch in der U-Bahn-Station auf den Zug wartest und über den Abend nachdenkst, vibriert bereits dein Handy; der Prosa-Prinz wirft die ersten Netze seiner Verführungskunst aus. »Das war ein schöner Abend«, schreibt er mit drei Pünktchen dahinter. »Dein Lachen geht mir nicht mehr aus dem Kopf.«

Natürlich fühlst du dich enorm geschmeichelt, außerdem ist es verdammt schön, wenn sich ein Mann direkt nach dem Date meldet und man nicht drei Tage lang auf sein Handy starren muss und bei jedem Vibrieren beinahe eine Herzattacke erleidet. Allerdings fragst du dich recht bald, ob du wirklich so viel gelacht hast an jenem Abend oder ob der Prosa-Prinz dich mit einer Protagonistin aus seinem Lieblingsbuch verwechselt. Denn die Weltliteratur und die schönen Künste sind das geistige Zuhause und Quellen für Beziehungsvorbilder des Prosa-Prinzen. Schon in der Schule hat er damals die »Die Leiden des jungen Werther« verschlungen und sich stundenlang in seinem Kinderzimmer eingeschlossen, um bei Kerzenlicht Briefe und Gedichte an die unerreichbare Klassenschönheit zu verfassen. Die unerfüllte Liebe ist für den Prosa-Prinzen im Grunde so erstrebenswert wie eine echte Beziehung, das erinnert an den **#Almost Lover.**

Spätestens nach eurem zweiten Date schickt dir der Prosa-Prinz also die insel-taschenbuch-Ausgabe von Anna Karenina/Doktor Schiwago oder irgendeinem anderen russischen Roman-Klassiker, und weil er insgeheim schon ahnt, dass du dir nicht die Mühe machen wirst, das Buch zu Ende zu lesen, unterstreicht der Prosa-Prinz vorsorglich alle (ihm) wichtigen Stellen mit Textmarker.

Eine Beziehung mit dem Prosa-Prinzen ist nicht einfach, weil man im Vergleich mit fiktiven Frauenfiguren nur verlieren kann. Trotzdem ist er ein charmanter Dating-Partner; ein Glücksfall nach einer schmerzhaften Trennung und – solltest du selbst eine Romantikerin sein – vielleicht sogar die große Liebe.

Das mag er: Leo Tolstoi

Das mag er nicht: Spam-Ordner

Anzahl Sexpartner pro Jahr: weniger als 5

Lieblings-Anmachspruch: »Darf ich dir was vorlesen?«

Lieblingsdrink: Wodka

Style-Accessoire: die Ulysses-Erstausgabe

Nr. 3
Der Schmutzfink

*E*r gibt sich seriös und tut so, als könne er kein Wässerchen trüben. Er wirkt höflich, charmant, ist gut gekleidet und arbeitet in einem unauffälligen Büro; ein Mann, der so freundlich und so harmlos auftritt, wie man es sich nur wünschen kann. Großmütter geben ihm gern die Hand. Dabei ahnen sie natürlich nichts von der dunklen Seite des Schmutzfinks: Er ist eine Art Sex-Mutant.

Der Schmutzfink ist auch der Typ, der sich samstags auf der Clubtoilette von der Kellnerin einen blasen lässt (und das Handyvideo später seiner WhatsApp-Gruppe zuschickt). Der Schmutzfink ist dauergeil und umtriebig wie ein aufgescheuchtes Karnickel. Dabei macht er keinen Unterschied, ob eine Frau überhaupt seinem Beuteschema entspricht, denn die Frau selbst ist das Beuteschema. Er will sie alle. Wäre er ein Song, dann wäre der Schmutzfink »Mambo Nr. 5« von Lou Bega: Seine Aufreißstrategie ist platt, abgedroschen und trotzdem mit garantiertem Erfolgspotenzial auf jeder Party. »A little bit of Monica in my life. A little bit of Erica by my side. A little bit of Rita's all I need …«

Der Schmutzfink führt eine Art Doppelleben: Unter der Woche geht er früh und allein zu Bett, Freitag und Samstag dreht er dafür so richtig auf – außerdem auf jeder Weihnachtsfeier, jedem Familienfest, Betriebsausflug und sogar auf der Beerdigung seiner Großtante. Der Schmutzfink macht bei seinen Aufrissen nicht einmal in seinem erweiterten Freundeskreis halt: Er ist der Mann, der auf einer Hochzeit die weibliche Hälfte eines Saales zum Erröten bringt, weil sie mindestens schon einmal mit ihm geschlafen hat.

Nach dem Sex meldet sich der Schmutzfink übrigens nie wieder bei den Frauen. Und er verliebt sich nie. Denn die Liebe ist für ihn der natürliche Feind des Koitus. Vielleicht hatte er mal eine lange Beziehung und war kurze Zeit sogar der **#Traumapatient,** aber davon hat er sich natürlich längst erholt. Jetzt schlägt er zurück.

Der Schmutzfink hat eine äußerst freie sexuelle Orientierung; er gilt in allem, was er so treibt, als amoralisch. Außerdem ist er, wenn man ihn länger beobachtet, auch ein bisschen klebrig: Auf seiner Oberlippe perlt Schweiß, und er ist nach Feierabend mit einem Repertoire an anzüglichen Witzen ausgestattet, das selbst Mario Barth vor Neid erblassen lassen würde. Wenn er auf der Betriebsfeier mit der Sekretärin spricht, bittet er sie mindestens einmal zum »Fiktat« und glotzt ihr danach unverfroren auf den Hintern. Sowieso steuert der Schmutzfink in seiner Freizeit jede Konversation auf einen Punkt zu, an dem er irgendeine vulgäre Bemerkung einflechten kann – oder mindestens das Wort »Analverkehr«. Er ist einfach durch und durch versaut und liebt es, andere Menschen in Verlegenheit zu bringen.

Wenn du den Schmutzfink kennenlernst und es selbst nur auf eine kleine Affäre abgesehen hast: in Ordnung. Für alles andere ist der Schmutzfink ganz und gar untauglich. Leider ist er im Bett nur halb so gut wie er denkt, denn dem Schmutzfink geht es nicht um Qualität, sondern um Quantität, außerdem ist er ein Libido-Egoist und will vor allem seine eigene Befriedigung garantieren. Warum er trotzdem so viele Frauen rumkriegt, bleibt wohl ewig sein Geheimnis, vielleicht liegt es auch einfach nur daran, dass der Schmutzfink es bei *allen* probiert. Seine Trefferquote ist daher höher als die von anderen Männern. Seine Überredungskunst ist außerdem gut, dazu kommt, der Schmutzfink ist allzeit gewappnet: Er hat grundsätzlich ein Kondom in der Brieftasche, auf Partys hat er sogar um die Ecke ein Hotelzimmer angemietet und späht den halben Abend lang von der Tanzfläche aus nach angetrunkenen und scheinbar willenlosen Frauen.

Natürlich ist der Schmutzfink auch ein **#Sextremist**, wobei er sich vor allem durch seine nicht vorhandene Moral und seine Verschlagenheit vom Sextremisten unterscheidet. Um an sein Ziel zu kommen, wird der Schmutzfink mitunter auch hinterhältig und lügt, dass sich die Balken biegen. Er prahlt gern mit seinen Eroberungen und nimmt keine Rücksicht auf verletzte Gefühle. Diskretion kennt er nicht. Er schläft mit seiner Chefin, mit der Praktikantin, mit der Frau seines Bruders und vielleicht sogar mit seiner Cousine.

Im Puff fühlt er sich so wohl wie in seinem Wohnzimmer, und in der U-Bahn steht man als Frau äußerst ungern direkt vor ihm. Der Schmutzfink ist ein Macho, im Alter wird er zum Spanner, und wenn er es mal so richtig übertreibt, dann ist er der Mann, der im Park in einem Trenchcoat hinterm Gebüsch vorspringt.

Lieblingsort: Freibad (Umkleidekabine)

Das mag er: Porno-Flatrate

Das mag er nicht: Dates

Anzahl Sexpartner pro Jahr: 250

Sein Vorbild: Donald Trump

Nr. 4
Der Drogeriehengst

*E*r sieht verdammt gut aus. Und er riecht wie die Herrenabteilung von Douglas. Aber der Reihe nach: Du lernst den Drogeriehengst in einer Vorstadt-Disco im Industriegebiet kennen. Eigentlich hängst du eher selten in solchen Läden ab, aber deine beste Freundin aus Grundschultagen feiert ihren Jungesellinnenabschied in der alten Heimat, und weil der Abend nostalgisch und langweilig zugleich ist, trinkst du vielleicht einen Cocktail mehr, als du eigentlich verträgst. Der Drogeriehengst, der dir schon seit einer Stunde Blicke quer durch den Raum zuwirft, lehnt an der Bar, und sobald du dich seinem Einzugsgebiet näherst, spricht er dich an. Sein Selbstbewusstsein ist so groß wie sein After-Shave-Vorrat. »Hey, hübsche Lady!«, sagt der Drogeriehengst – und obwohl dieser Satz so austauschbar wie sein Deo ist, fühlst du dich geschmeichelt, außerdem riecht er wirklich verdammt gut (zumindest besser als der Zigarettenrauch und der künstliche Nebel in der Vorstadt-Disco).

Weil der Drogeriehengst höflich ist, gibt er dir erst mal einen Caipi aus und verabredet sich nach gefühlten dreißig Sekunden mit dir für das nächste Wochenende. Hey, denkst du, der Typ redet nicht groß drum herum – und das findest du ziemlich erfrischend.

Der Hengst schlägt vor, ins Kino zu gehen. Am Samstagabend trefft ihr euch also auf dem örtlichen Supermarktparkplatz, dort erkennst du schon von weitem den getunten 3er-BMW mit dem großen Heckspoiler und den Flammen an der Seite, und obwohl du das auch ein bisschen peinlich findest, rührt dich der Stolz des Drogeriehengstes auf seinen Besitz.

Wichtig ist dem Drogeriehengst vor allem, dass er einer Frau möglichst schnell und möglichst dicht auf die Pelle rücken kann, weswegen er sich grundsätzlich immer fürs Kino oder im Auto verabredet. Dort legt er bei der ersten Gelegenheit seinen Arm um dich (damit du sein Deo besser riechen kannst). Der Drogeriehengst glaubt an die Macht der künstlichen Lockstoffe und daran, dass Verführung eigentlich ganz simpel ist – man braucht nur das richtige Rasierwasser. Deshalb bekommt er bei der Axe-Werbung im Fernsehen auch immer Gänsehaut.

Anfangs scheint der Drogeriehengst sehr wohl eine romantische Ader zu haben, er scheut sich jedenfalls nicht davor, am Tag nach eurem ersten Date mit dreißig roten Rosen vor deiner Haustür zu stehen. Vor Beziehungen hat er nämlich keine Angst, im Gegenteil: Er fühlt sich eigentlich nur komplett mit einer Frau an seiner Seite, und deshalb macht er dir ziemlich schnell und ziemlich direkt den Hof. Wobei er gemeinsame Interessen und gute Konversation nicht gerade als Basis dafür betrachtet, innere Werte sind dem Hengst sowieso suspekt.

Der Drogeriehengst weiß (oder glaubt zu wissen), wie man bei einer Frau landen kann: Er kennt schließlich alle Romantic Comedys der letzten Jahre auswendig. Leider ist er bei seiner Aufwartung nicht besonders kreativ, sondern bedient sich der gängigen Klischees (Blumen, Massage-Gutschein, Parfum). Das macht ihn zu einer Art Pick-up-Artist und kann dir schnell auf die Nerven gehen, wenn du von einer Beziehung ein bisschen mehr erwartest.

Der Drogeriehengst kommt grundsätzlich aus der Kleinstadt, vielleicht lebt er sogar noch in seinem Heimatort oder bei seinen Eltern, jedenfalls hängt über seinem Bett eine Postkarte mit dem Spruch »Provinz ist da, wo ich bin«. Er meint das nicht ironisch, sowieso hat er erstaunlich wenig Sinn für Humor. Ein Buch hat der Drogeriehengst noch nie gelesen, dafür steht er auf Tattoos.

Der Drogeriehengst ist geradezu besessen von der männlichen Schönheit, deshalb hat er auch sämtliche Männermagazine im Abo. Er bewundert andere Männer mit gutem Körperbau, manchmal könnte man ihn sogar für **#Der falsche Schwule** halten. Sollte er sich jemals in ein Museum verirren, würde er mit seinem Handy die Torsos der griechischen Götter fotografieren, um sich anschließend im Fitnessstudio jeden Muskel nachzutrainieren.

Witzigerweise ist fast jede Frau, die der Hengst kennt und mit der er nicht verwandt ist, seine »Ex«. Jedenfalls behauptet er das gern, aber nur, um sich interessanter zu machen. Steffi? »Die hab ich rumgekriegt.« Nadine? »Da lief mal was.« Andrea? »Wir waren in der dritten Klasse mal kurz zusammen.« Tatsächlich hat der Drogeriehengst keine schlechte Ausbeute, weil er einfach extrem gut aussieht.

Die schwerste Zeit im Leben des Drogeriehengstes war seine Jugend: Das Warten auf die ersten Barthaare empfand er als Qual, im Grunde wäre er am liebsten bereits als Mann geboren worden. Um den Prozess der Mannwerdung zu beschleunigen, hat sich der Drogeriehengst an seinem neunten Geburtstag sein erstes Deo gekauft. Nicht, ohne vorher im Drogeriemarkt sämtliche Duftrichtungen auszuprobieren und an seiner kleinen Schwester zu testen. Frauen waren für den Drogeriehengst schon immer potenzielle Versuchskaninchen; bereits die Grundschullehrerin konfrontierte er mit Anmachsprüchen aus der *Bravo* und der Eau-de-Toilette-Probe aus der Modezeitschrift seiner Mutter. Und seinen Vater hat der Drogeriehengst stundenlang bei der Rasur beobachtet und anschließend so lange selbst geübt, bis die blutigen Schnitte im Gesicht langsam abnahmen. Inzwischen bringt er es in dieser Disziplin zur Perfektion. Wobei er natürlich aus Style-Gründen die Nassrasur bevorzugt und Dutzende Gillette-Klingen in seinem Badezimmerschrank hortet.

Sein Lieblingsjob ist in der Gastronomie, etwa als Barkeeper, denn er präsentiert sich gern, und außerdem denkt er, dass angetrunkene Frauen grundsätzlich leichter mit einem guten Parfum rumzukriegen sind als mit einem guten Gespräch. Wird der Drogeriehengst einmal abgewiesen, reagiert er irritiert. Schließlich hat er über die Jahre den sportlichen Ehrgeiz entwickelt, die Urinstinkte einer jeden Frau zu wecken.

Auf der Balz sucht sich der Drogeriehengst am liebsten eine hübsche »Lady« aus, die möglichst geruchsneutral in die Beziehung eintritt, denn die Duftmarken setzt er schön selbst. Ein echtes Problem hat der Drogeriehengst, wenn die Bewunderung seiner Partnerin nicht groß genug ist, denn schließlich betreibt er einen enormen Aufwand und will dafür ständig gelobt werden. Wenn du ihn also nicht (mehr) riechen kannst, wird er zunächst pampig und sucht den Fehler ganz klar bei dir. Auf Dauer ist das sehr anstrengend. Sobald sein After-Shave abgeklungen ist, lässt du ihn daher besser stehen.

Das mag er: Davidoff Cool Water, Bon Jovi

Das mag er nicht: Knoblauch, Freiluftkino

Anzahl Sexpartner pro Jahr: 50

Lieblings-Anmachspruch: »In meinem Auto kann man die Rückbank umklappen.«

Lieblingsdrink: Blue Curaçao

Style-Accessoire: Haarspray, Schlüsselanhänger

Nr. 5
Der Liebesdiener

*S*amstagabend, kurz vor Ladenschluss: An der Supermarktkasse drängeln Jugendliche mit Wodka-Flaschen; Studentinnen spielen sich gackernd gegenseitig Handyvideos vor; jemand kauft drei Schachteln Zigaretten für die Hausparty ums Eck.

Der Liebesdiener steht auch an der Kasse, blass und mit glasigen Augen, weil er sich allein grundsätzlich unwohl fühlt. Du hast ihm gerade eine WhatsApp-Nachricht geschrieben (»Schatz, bringst du mir bitte Tampons mit?«), und natürlich gehorcht der Liebesdiener – auch wenn die Studentinnen hinter ihm den Kopf schütteln und sogar der Kassierer mit spitzen Fingern nach den Tampons greift. Doch der Liebesdiener nimmt sein Schicksal hin, wie jeden Auftrag seiner »besseren Hälfte«. Er ist sogar immun gegen Spott und Kritik seines Umfeldes, für ihn zählt nur die Meinung seiner neuen Freundin – also deine. Der Liebesdiener hat schon von einer Beziehung geträumt, als die anderen Jungs sich noch nicht für Mädchen interessierten. Warum, das weiß keiner so genau, aber es muss etwas mit dem Gefühl der Unvollständigkeit zu tun haben. Außerdem hat der Liebesdiener kein besonders großes Selbstbewusstsein. Er denkt, dass er allein nicht lebensfähig ist, und sucht sich mit Kennerblick selbstsichere Frauen, die ihn beschützen.

Kennengelernt hast du den Liebesdiener bei einem Abendessen mit Freunden. Irgendjemand hat ihn mitgebracht, und weil der stille Liebesdiener den ganzen Abend nachdenklich in der Ecke saß, hattest du gleich ein bisschen Mitleid. Am Anfang fandest du seine Aufmerksamkeit und Zuneigung auch total charmant. Kaum ein Mann hat sich bisher so stark auf dich eingelassen – dachtest du.

Leider versteht der Liebesdiener unter dem Begriff Beziehung etwas anderes als die meisten Menschen: Er will sich als Individuum vollständig aufgeben und fortan nur noch als Paar leben. Zunächst hat dir das auch ziemlich geschmeichelt, aber bald schon wirst du dich von der Verantwortung für den Liebesdiener erdrückt fühlen. Seine Freunde hat er nämlich mit Beginn eurer Beziehung verloren, denn sie sind alle total genervt, ihn nur noch im Doppelpack oder überhaupt nicht mehr treffen zu können. Wollen sie ihn auf ein Bier einladen, fragt er immer zuerst dich, ob das okay ist. Erreichen kann man ihn nur noch telefonisch, denn er hat sich eine neue Mailadresse eingerichtet: andiundeva@hotmail.com.

Sogar sein Profilbild auf Facebook zeigt den Liebesdiener bald nur noch im Doppelpack, mit dir am Strand oder beim Dinner bei Vapiano. Der Liebesdiener spricht nur noch von »wir« und hat schon nach ein paar Wochen heimlich einen Bausparvertrag für eure gemeinsame Eigentumswohnung abgeschlossen.

Samstags trifft man ihn bei IKEA. Da steht er hinter dem vollgepackten Einkaufswagen und lächelt dir gnädig zu, während du dreiundvierzig Bilderrahmen sortierst. »Schatz, magst du nicht lieber zu Hause Fußball gucken?«, fragst du irgendwann, weil dich sein seliges Grinsen langsam nervös macht. »Nö. Ich bleib lieber bei dir, mein Mäuschen!«, antwortet der Liebesdiener und fährt danach weiter mit dir zu H&M, um dort freudestrahlend mit dreißig Kleiderbügeln überm Arm neben der Umkleidekabine zu warten. »Schaaaatz«, ruft er dir durch den Vorhang zu, »soll ich dir den Rock mal eine Nummer größer holen?«

Um es auf Dauer mit dem Liebesdiener auszuhalten, müsstest du schon krankhaft dominant sein, denn er bringt in die Beziehung nichts ein, erwartet dafür umso mehr: Selbstaufgabe. Eventuell macht er dir bereits nach dem dritten Date einen Heiratsantrag, zumindest blickt er sich in der Zeitung schon mal nach einer größeren Wohnung um.

Seine Einstellung zu Frauen hat der Liebesdiener übrigens von seinen Eltern übernommen: Bereits sein Vater stand unter der Fuchtel, und seine Mutter macht sich gar nicht erst die Mühe, mit ihrem Sohn zu kommunizieren – sondern meldet sich direkt bei der Schwiegertochter in spe. »Braucht der Andi neue Unterhosen, was meinst du?«, fragt dich die Liebesdiener-Mutter, und das ist nicht nur indiskret, sondern beraubt den Liebesdiener jeder erotischen Komponente, die er vielleicht noch in sich trug.

Weil du grundsätzlich lieber mit einem ebenbürtigen Partner als mit einem Sklaven zusammenlebst, bekommst du mit der Zeit immer größere Wut auf den Liebesdiener. Du fängst also an, ihn für alle seine Fehler zu beschimpfen, und hasst dich plötzlich selbst für den barschen Ton, den du dabei anschlägst. Der Liebesdiener aber scheint deine Kritik, die längst nicht mehr gerecht ist, sogar noch zu genießen – die sadomasochistischen Züge des Liebesdieners machen dich irgendwann endgültig fertig.

Das mag er: Partnerlook, Schlösser an Brücken befestigen

Das mag er nicht: Jungsabend, Vatertag

Anzahl Sexpartner pro Jahr: 1

Lieblings-Anmachspruch: »Brauchst du noch was?«

Lieblingsdrink: Hauptsache mit Doppelstrohhalm

Style-Accessoire: Ehering

Nr. 6
Der Pegelcasanova

Im Grunde ist der Pegelcasanova ein lieber Kerl, leider hat er ein Alkoholproblem der speziellen Art. Davon merkst du aber erst mal nicht viel: Der Pegelcasanova ist Single und ein unkomplizierter Mann. Wenn du ihn kennenlernst, läuft es zwischen euch sicherlich von Anfang an ziemlich gut. In den meisten Kennenlernphasen wird sowieso meistens (zu) viel getrunken, denn Alkohol enthemmt und beflügelt und lässt den anderen schöner aussehen, als er vielleicht ist.

Eines Nachts, nachdem der Pegelcasanova und du also zwei Flaschen Rotwein gekippt habt und ihr euch auf dem Heimweg vom Kino/Abendessen/Club befindet, bleibt er mitten auf der Straße plötzlich stehen. Er greift nach deinem Arm, zieht dich ganz nah an sich heran und holt tief Luft. Offensichtlich hat er dir etwas zu sagen. Unter Tränen erklärt dir der Pegelcasanova urplötzlich, dass er das Gefühl habe, du und er seien die Protagonisten einer richtig großen Liebesgeschichte. Wie bitte? Ja, ehrlich, die Sache mit dir … das ist etwas Ernstes. Von seiner eigenen Sentimentalität überwältigt und von der Schönheit des Abends (und seines Gegenübers), sagt der

Pegelcasanova in sehr kurzer Zeit sehr viele romantische Dinge: Dass er noch nie eine Frau wie dich getroffen habe, blablabla und überhaupt, so viel für jemanden zu empfinden, sei für ihn so ungewöhnlich blablabla. Er blickt dich dabei mit glasigen Augen und rotweingefärbten Lippen an. Die Nacht strahlt, in den Schaufenstern spiegeln sich die Autoscheinwerfer, die Sterne leuchten, und außerdem bist du selbst sehr beschwipst. Je länger du dem Pegelcasanova also zuhörst, desto mehr glaubst du plötzlich selbst an das, was er sagt. Offenbar ist das alles für den Mann viel mehr als nur eine lose Affäre. Solltest du dich darauf einlassen? Warum eigentlich nicht ... Vielleicht seid ihr ja wirklich füreinander bestimmt. Ihr lauft schließlich Arm in Arm nach Hause, und der Pegelcasanova spricht von Heirat und Kindern.

Sechs Stunden später geht er ausgenüchtert aus der Haustür – und du bist im siebten Himmel. Blöd ist nur: Seitdem hat er sich gar nicht mehr bei dir gemeldet. Zwei Wochen ist das schon her. Ist er schizophren? Ein Amnesie-Opfer? Verstorben? Irgendwann wählst du seine Nummer, und der Pegelcasanova nimmt nach dem zwanzigsten Klingeln endlich ab. Er sei ziemlich beschäftigt zurzeit, sagt er, aber hey, klar, lass doch mal wieder treffen.

Wie bitte? Offensichtlich kann sich der Mann an kein einziges Wort seiner nächtlichen Liebesschwüre erinnern. Je nach Höhe seines Promillegehalts wird der Pegelcasanova verbindlich und sagt Dinge, die er in dem Moment für die Wahrheit hält. Sobald er aber wieder nüchtern ist, hat er sie entweder vergessen oder die Sache ist ihm einfach nur megapeinlich.

Dabei ist das keine perfide Aufreißmasche, er glaubt wirklich an das, was er sagt, und ist ergriffen von der Nacht, der Frau – vor allem aber vom Alkoholgehalt seines Drinks. Der Pegelcasanova übertreibt es grundsätzlich. Manchmal schreibt er auch nachts um halb drei eine verbindliche SMS an eine Frau, mit der er neulich mal ein Date hatte, das macht ihn in Teilen auch zum **#Prosa-Prinzen**. Am nächsten Tag, wenn die Frau ihm antwortet und etwas ähnlich Verbindliches zurückschreibt, fühlt sich der Pegelcasanova ertappt.

Im Grunde ist er wie ein Grill: Er lodert schnell und heiß, aber nach wenigen Stunden ist er erloschen. Natürlich haben die Nachrichten und Aussagen des Pegelcasanovas auch immer eine sexuelle Note, denn er will betrunken nicht nur emotionale, sondern vor allem auch körperliche Nähe.

Man kennt den Pegelcasanova auch aus dem Freundeskreis, er ist einer dieser Best Buddys, die bei einem Abendessen plötzlich irre sentimental werden und tausendmal versichern, wie lieb sie alle Menschen haben. Wenn der Pegelcasanova glücklich ist, muss er es einfach verbal raushauen.

Als Frau solltest du im Umgang mit dem Pegelcasanova aus Selbstschutz eher vorsichtig verfahren und seine rauschenden Liebesschwüre besser ignorieren. Sollte er sie am nächsten Morgen allerdings ausgenüchtert wiederholen, kannst du dich freuen.

Das mag er: 1,0 Promille, Aspirin

Das mag er nicht: Anrufbeantworter, Handykamera

Anmachspruch: »Darf ich dir noch was einschenken?«

Sein Vorbild: Lothar Matthäus

Lieblingsdrink: alle

Nr. 7
Der Frustmolch

Man erkennt den Frustmolch daran, wie er mit Frauen umgeht: E-k-e-l-h-a-f-t. Ständig nutzt er Gespräche mit dir für Sticheleien und mäkelt boshaft an dir herum. Er macht sich lustig über deinen Fahrstil, deine Frisur und die Art, wie du in Restaurants das Essen bestellst. Dabei definiert der Frustmolch seine eigene Komfortzone – meistens seinen Intellekt oder seinen vermeintlich genialen Humor – und macht von diesem für ihn sicheren Platz aus Frauen fertig. Kurz gesagt: Er ist ein richtiger Kotzbrocken.

Natürlich ist oder war der Frustmolch unsterblich in dich verliebt. Entweder hast du ihn bereits abserviert, oder er denkt, seine Chancen bei dir seien quasi nicht existent.

Alle Menschen reagieren auf Kränkungen gleich, sie haben zwei Optionen: Rückzug oder Aggression. Der Frustmolch hat sich in seiner unerwiderten Liebe für Letzteres entschieden. Deshalb sucht er jetzt auf masochistische Art und Weise zwar deine Nähe, aber nicht, ohne dich dabei konstant verbal aufzuziehen. Er ist ein durch und durch anstrengender Typ, auf ihn passt der Spruch »Was sich liebt, das neckt sich« leider ziemlich genau. Wobei *du* den

Frustmolch natürlich nicht liebst, sondern fälschlicherweise mit einem etwas knurrigen und dauerironischen Freund verwechselst. Dass du dir so viele Unverschämtheiten von ihm gefallen lässt, liegt an deiner Gutmütigkeit. Der Frustmolch tut dir leid, und du spürst natürlich insgeheim, dass sein ganzes blödes Gefrotzel auf unerwiderter Liebe zu dir beruht. Dass das keine unbedingte Auszeichnung für dich sein muss, solltest du dir irgendwann eingestehen.

Der Frustmolch hat keine Beziehung, keine Affäre, nicht einmal einen One-Night-Stand. Keiner weiß, ob er überhaupt schon jemals eine Freundin hatte, obwohl er sich ständig mit Frauen umgibt. Er geht mit dir und deinen Freundinnen einkaufen, er schraubt Regale in die Wand und hört sich deinen Liebeskummer an. Im Grunde ist er ein völlig verbitterter **#Liebesdiener.**

Seine aussichtslose Strategie: Er macht sich unentbehrlich, und vielleicht landest du so irgendwann in seinem Bett. Er verhält sich dabei ein bisschen wie der **#Aussitzer.** Der große Unterschied: In Wahrheit verabscheut der Frustmolch alle Frauen zutiefst. Er nimmt es der gesamten Spezies übel, dass er bei ihr nie zum Zug kommt, sondern automatisch als Sexneutrum verbucht wird.

Vielleicht wohnen der Frustmolch und du sogar gemeinsam in einer WG. Du denkst, der Mann wohnt bei dir, weil ihr euch so gut versteht oder er Miete sparen will. In Wahrheit will der Frustmolch auf engstem Raum mit einer Frau zusammenleben, weil es ihm wenigstens kurzzeitig das Gefühl gibt, ein normaler Mann zu sein. Er faked quasi eine Beziehung mit dir, indem er seinen Namen neben deinen auf den Briefkasten klebt. Auch wenn ihr gemeinsam ins Kino/zum Essen/in den Supermarkt geht, mag es der Frustmolch, dass euch andere Leute automatisch für ein Paar halten. Manchmal platzt der Frustmolch »aus Versehen« ins Bad, wenn du dich gerade umziehst. Dann lacht ihr beide – der Frustmolch ein bisschen lauter als du.

Eure Beziehung wird auf genau zwei Arten enden: Entweder findet der Frustmolch eine Frau, die sich seiner erbarmt und dich damit ablöst. Oder er wird dich eines Tages so beleidigen, dass du eine einstweilige Verfügung gegen ihn erwirken musst.

Das mag er: Witzebücher, Geschlechterklischees

Vorbild: Grumpy (»Die sieben Zwerge«)

Style-Accessoire: dreckige Lache

Anmachspruch: Beleidigung

So gibst du ihm den Laufpass: Du schließt eine Rechtsschutzversicherung ab.

Nr. 8
Der Sexhobbit

*E*r ist klein und nicht ganz ungefährlich: Er ist der Typ, der sich heimlich Absatzblöcke unter seine Schuhe montiert, damit er wenigstens drei Zentimeter größer scheint. Er ist auch der Typ, der auffällig häufig auf seinen Fußspitzen wippt, Frauen nur im Sitzen anspricht und seine Anzüge in der Kinderabteilung von Ralph Lauren kauft.

Warum der kleine Mann gefährlich ist? Weil Männer, die in ihrem Pass behaupten, dass sie 1,70 Meter groß sind, in Wahrheit aber mindestens drei Zentimeter darunterliegen, ein Problem mit sich und vor allem mit größeren Frauen haben. Deshalb werden sie schnell aggro. Ihr Frust sitzt zu tief und kann auch von Absatzschuhen und anderen optischen Täuschungen nicht gelindert werden.

Kein kleiner Mann ist gern klein.

Dabei hat der Zwerg absolute Vorzüge gegenüber größeren Männern: Weil er sich optisch am Rande der Wahrnehmbarkeit befindet, muss er auf einem anderen Gebiet punkten. Das gilt für viele Männer, für den kleinen aber besonders, weil sein optisches Defizit verstörender wirkt als Bauchansatz und Haarausfall zusammen. Also ist der kleine Mann entweder sehr schlagfertig, humorvoll oder auch richtig gut im Bett. Er ist in diesem Fall also eine Art Sexhobbit. Er weiß, dass er nur bei Frauen landen kann, die entweder selbst sehr klein sind, einen Fetisch haben oder betrunken genug sind, um einen Typen wie ihn mit nach Hause zu nehmen. Dort angekommen, muss sich der Hobbit also unentbehrlich machen. Für den Hobbit ist das übrigens gar nicht so schwer: Er ist durch seine Größe auch geschickt und wendig. Das sagen zumindest auch die Forscher der Fachzeitschrift *Journal of Sexual Medicine*, die Frauen nach Erfahrungen mit kleinen Männern befragt haben.

Außerdem ist der Sexhobbit meistens treu (zugegeben, vielleicht auch eher aus Mangel an Alternativen). Soziologen der New York University konnten 2014 jedenfalls in einer Studie die Körpergröße von Männern in Relation zu ihrer Bindungsfähigkeit setzen und kamen zum Schluss: Je kleiner ein Mann ist, desto weniger häufig geht er fremd.

Noch interessanter ist übrigens eine Studie von Psychologen der Universität Breslau, die sich eher mit den Charaktereigenschaften der Partnerinnen der kleinen Männer beschäftigt: Je dominanter eine Frau sei, desto eher stünde sie auf kleine Männer, heißt es in der Studie. Schließlich ginge von großen Männern auch immer eine potenziell höhere Gefahr körperlicher und sexueller Gewalt aus. Eine besonders toughe Frau suche sich daher automatisch eine kleinere Variante aus, weil sie selbst den Ton angeben will – so die Wissenschaftler.

Ein Blick auf die besonders dubiosen Politiker unserer Zeit relativiert die Vorteile der kleinen Männer übrigens wieder sofort: Putin (1,70 Meter), Medwedew (1,62 Meter), Berlusconi und Sarkozy (beide 1,65 Meter) – sie alle scheinen ihre Größe durch eher ungute Eigenschaften zu kompensieren – und die Sache mit dem Sex gern mal zu übertreiben. Manchmal kann es leider sein, dass sich das übergroße Ego kleiner Männer auf ihre Minderwertigkeitskomplexe stützt.

Der Sexhobbit mag nicht gerade das größte Übel sein, aber ein riesiger Fang ist er eben auch nicht.

Das mag er: Game of Thrones

Das mag er nicht: Basketball

Sein Vorbild: Napoleon

Lieblingsdrink: Shot

So gibst du ihm den Laufpass: Du legst am DVD-Abend »Der Hobbit« ein.

Nr. 9
Der Heiner Lauterbach

Die Geschichte des Heiner Lauterbach ist im Grunde ein Märchen. Es ist die Geschichte eines Mannes, der sich so stark verändert, bis er sich selbst nicht mehr erkennt. Der Heiner Lauterbach war früher einmal der wildeste Typ der Stadt: Er hat mehr Abende in Kneipen verbracht als im eigenen Bett. Er war hochgradig umtriebig. Ein Beispiel: Hat der Heiner Lauterbach mal ein Wochenende in Wuppertal, Freiburg oder sagen wir Stuttgart verbracht, dann waren hinterher mindestens drei Frauen in Wuppertal, Freiburg oder eben Stuttgart schwanger von ihm.

Die Männer haben den wilden Heiner alle beneidet, die Frauen mochten seinen Charme und sein Durchhaltevermögen (vor allem, dass er trotz zehn Bier und drei Schachteln Lucky Strike noch aufrecht an jedem Tresen der Bundesrepublik stehen konnte). Drogen, Spaß und Sex waren sein Metier, er war der **#Lebemann,** er hat den Exzess mehr geliebt als seine Gesundheit und all diese lustigen Dinge, die natürlich irre viel Spaß machen: schnelle Autos, verrauchte Bars, versoffene Nächte und natürlich Frauen, Frauen, Frauen. Trotz seiner sexuellen Umtriebigkeit war der Heiner Lauterbach ein echter Gentleman, prollig zwar

im Lebensstil, aber doch mit einem grundsätzlichen An-
stand. Wenn eine seiner Frauen mal Hilfe brauchte oder in
Nöten war, dann kümmerte sich der Heiner. Ehrensache.
Irgendwann zwischen seinem 40. und seinem 50. Geburtstag passierte es dann: Zack, der Heiner Lauterbach
unterzog sich einer radikalen inneren Wandlung. Warum,
das weiß keiner – nicht einmal er selbst. Ähnlich wie Glo-
ria von Thurn und Taxis wird der Heiner Lauterbach von
einem Tag auf den anderen seriös: Er hört auf zu rauchen,
zu saufen und sagt jetzt Dinge wie: »Noch geiler, als
eine Tafel Schokolade zu essen, ist die Erkenntnis, auf sie
verzichten zu können.« Er lebt vegan, trinkt fünf Liter
Ingwertee am Tag und geht dreimal im Jahr zur Darm-
krebsvorsorge. Außerdem heiratet er eine zwanzig Jahre
jüngere Frau und zeugt zwei Kinder, die die Vornamen
von amerikanischen Filmschauspielern aus den 60ern tra-
gen (Marlon und Liz). Der Heiner Lauterbach trägt nun
am liebsten etwas zu kleine Hüte und kauft sich peruani-
sche Strickjacken auf dem Flohmarkt.
Alles, was der Heiner Lauterbach früher lächerlich fand,
ist sein neuer Lifestyle.
Jetzt steht er über den Dingen. Sogar das Flirten ist ihm zu
blöd, jedenfalls sagt er das gern. Wenn seine alten Knei-
penfreunde sich mittags mit ihm auf eine Saftschorle im
Golfclub verabreden und ihm von ihrem Liebesleben erzählen, lächelt der Lauterbach das allwissend weg. »Das
habe ich alles hinter mir«, sagt der Heiner Lauterbach
dann und klingt so glaubwürdig wie ein Crack-Junkie auf
dem Polizeirevier.

Der Heiner Lauterbach wird natürlich ständig rückfällig. So unerwartet und radikal er sich seinem neuen Lebenswandel unterzogen hat, so sehr sehnt er sich insgeheim nach den Zeiten, in denen er morgens um vier noch bei Blacky im Club vorbeizog und drei Stunden später am Gardasee mit einer heißen Blondine in einem Hotelzimmer aufwachte. Für einen Rückfall braucht der Lauterbach nicht viel: eine Zigarette, ein Bier – oder auch nur einen einsamen Abend auf Geschäftsreise im Ibis-Hotel.

Ist der Heiner Lauterbach rückfällig geworden, wird er gleichzeitig extrem sentimental, er weint, er entschuldigt sich wortreich – zuerst bei seiner Geliebten, dann bei seiner Frau, und anschließend schreibt er noch zwei lange Briefe an Marlon und Liz voller Scham und Reue und Zitaten von Hermann Hesse. Das zeigt: Der Heiner Lauterbach ist im Grunde der gleiche Radikale geblieben, der er immer schon war. Mit Alkohol hat das weniger zu tun, als man denken könnte. Dadurch unterscheidet er sich vom **#Pegelcasanova**.

Lernst du den Heiner Lauterbach vor seinem Wandel kennen, könnt ihr gemeinsam viel Spaß haben. Zumindest für ein Wochenende am Gardasee oder eine Nacht bei Blacky ums Eck. Hat der Heiner Lauterbach seine innere Wandlung allerdings bereits vollzogen, ist er eine mühsame Begleitung. Sein Tief am nächsten Morgen willst du nicht wirklich miterleben.

Auch als Ehemann taugt der Heiner Lauterbach nicht, außer du stehst drauf, ihn nachts um vier heulend am Tresen eures Kiezes aufzupicken.

Das mag er: Bionade, Muffin

Das mag er wirklich: Brandy, Marlboro

Sein Vorbild: Dalai Lama

Dort traf man ihn früher: Studio 54 (Tanzfläche)

Dort trifft man ihn heute: Kita (Garderobe)

Style-Accessoire: Raucherhusten

Nr. 10
Der Traumapatient

*W*as er erlebt hat, wünscht man nicht mal seinem ärgsten Feind.

So oder so ähnlich sah das vergangene Jahr des Traumapatienten aus: Seine letzte Freundin hat ihn mit seinem besten Freund/Chef/Bruder betrogen und außerdem ungefragt sein Kind abgetrieben. Vielleicht hat sie ihn auch beim Finanzamt angeschwärzt und seine Plattensammlung zerkratzt. Oder sie hat seine Penislänge auf Facebook gepostet und dabei vier Zentimeter abgezogen. Kurz: Sie hat ihn komplett fertiggemacht. Trotzdem und unerklärlicherweise hängt der Traumapatient noch an der Frau – obwohl sie ihm keinen einzigen vernünftigen Grund dafür liefert. Er aber stilisiert sie zu einer Art Prinzessin auf der Erbse oder mindestens sensiblen Künstlerin mit Hang zur Exzentrik. Dass selbst Exzentrik ihr schäbiges Verhalten nicht entschuldigen kann, ignoriert der Traumapatient.

Seine letzte Beziehung war Krieg, und diesen Krieg hat er eindeutig verloren, wie so viele davor (und wohl auch einige danach). Der Traumapatient wird ohne Ausnahme immer von seinen Freundinnen sitzengelassen.

Wie jeder Kriegsheimkehrer leidet er nach Beendigung der Liebschaft unter einem posttraumatischen Belastungssyndrom. Solltest du also die direkte Beziehungsnachfolgerin sein, hast du es schwer.

Zunächst einmal redet der Traumapatient den ganzen lieben langen Tag von seiner Ex. Das musst du erst mal aushalten können. Er erzählt dir vom letzten gemeinsamen Urlaub in Portugal, von ihren Angewohnheiten und Macken, und nach kurzer Zeit hast du das Gefühl, die Frau besser zu kennen, als du es jemals wolltest. Der Traumapatient erzählt dir die schlimmsten Dinge von seiner Ex, aber verteidigt sie dabei ständig. Er schwafelt von ihren psychischen Problemen oder davon, dass sie eine schwere Kindheit hatte oder einen gewalttätigen Ex-Freund.

Wenn du nach einigem Zuhören völlig entnervt auch nur ein schlechtes Wort über seine Ex verlierst, schaltet er ab. Er will es nicht hören. Er hat gelitten, scheint das aber jetzt auszublenden. Irgendwann wird dir das Beziehungsmuster der beiden klar: Sie haben sich nächtelang gestritten, zu viel getrunken, mit Küchenmessern angegriffen, die Polizei gerufen und sich anschließend tränenreich versöhnt – und das dreimal die Woche. Sie waren ein richtiges Knallpaar. Da kannst du einfach nicht mithalten, wenn deine Vorstellung von Beziehung eher ein ruhiger Abend vor dem Fernseher ist. Dazu kommt: Die irre Ex schreibt dem Traumapatienten regelmäßig kryptische Nachrichten auf Facebook, und der Traumapatient eilt dann nachts um drei zu ihr, weil er behauptet, dass sie Hilfe braucht – dabei ist es nur Aufmerksamkeit.

Die Schäden, die der Traumapatient aus seiner schwierigen Beziehung mitgenommen hat, musst du ausbaden: Morgens wacht er schweißgebadet auf und greift nach deinem Arm, um sich zu vergewissern, dass du noch da bist. Am Anfang ist das süß, irgendwann nur noch scary. Der Traumapatient fragt dich auch ständig, ob alles okay ist zwischen euch. Er fragt das so lange, bis natürlich gar nichts mehr okay ist. Vielleicht entwickelt der Traumapatient auch eine Zwangsneurose und ruft dich alle dreißig Minuten auf dem Handy an, um sicherzugehen, dass du noch rangehst. Auf einer Party folgt er dir auf Schritt und Tritt und rechnet immer mit dem Schlimmsten. Wenn du ihn an einem Samstagmittag völlig harmlos fragst, ob ihr kurz mal reden könntet, bekommt er gleich Schnappatmung: Dabei willst du mit ihm einfach nur das Abendessen besprechen.

Das Selbstbewusstsein des Traumapatienten bewegt sich gegen null, weil er jederzeit damit rechnet, auch von dir verlassen zu werden. Und das tust du tatsächlich früher oder später, weil die Ex des Traumapatienten wie ein Geist in eurer Beziehung rumspukt. Du hältst das irgendwann einfach nicht mehr aus. Du wirst eifersüchtig, fühlst dich verletzt und rastest schließlich selbst aus – mit oder ohne Küchenmesser. Kurz: Du mutierst zu der Frau, die du so lange verachtet hast.

Das mag er: Liebeskummer, seine Ex

Das mag er nicht: Langeweile, Funkloch

Style-Accessoire: Narbe

Lieblings-Anmachspruch: »Dann ruf halt die Polizei!«

So gibst du ihm den Laufpass: Du tötest seinen Wellen-
sittich.

Nr. 11
Die ewige Jungfrau

*E*r hatte noch nie Sex. Nicht einmal aus Versehen. Sein lustloser Lebenswandel zieht sich bereits über seine Jugend, und auch als Erwachsener schiebt er grundsätzlich einen flotten Einer.

Glaubt man der jüngsten *Bravo*-Dr.-Sommer-Studie, sind 54 Prozent aller Jungen bereits mit 13 Jahren geschlechtsreif; die meisten Jugendlichen haben nach wie vor zwischen 16 und 17 Jahren das erste Mal Sex. Wie so oft im Leben wird auch der Zeitpunkt für das erste Mal zum Wettbewerb: Zählt man im Freundeskreis zu den Ersten, die Sex hatten, wird man von den anderen bewundert. Liegt man in der zeitlichen Abfolge irgendwo dazwischen, ist alles unauffällig. Ist man aber ein Spätzünder oder sogar der Letzte aus der Clique, der zum Zug kommt, kann sich dieser kleine Makel im Teeniealter zu einem ausgewachsenen Trauma entwickeln.

Rein rechnerisch ist das Zeitfenster für den ersten Geschlechtsverkehr gar nicht besonders groß: Um weder positiv noch negativ aufzufallen, sollte man die Sache zwischen 15 und 18 Jahren hinter sich gebracht haben. Die ewige Jungfrau hat den richtigen Moment in seiner

Jugend schlichtweg verpasst. Vielleicht war er zu ge-
hemmt, jedenfalls ist er von der tickenden Zeitbombe
zum Blindgänger mutiert. Rien ne va plus. Nichts geht
mehr.

Während seine Freunde alle zwischen Rum-Cola und Erd-
nussflips im Partykeller oder auf dem Schulball die ersten
Zungenküsse ausgetauscht haben, war die ewige Jungfrau
mit etwas anderem beschäftigt. Vielleicht hatte der Junge
an den Wochenenden zwischen 15 und 18 Jahren öfters
Hausarrest oder musste in der Schule nachsitzen. Vielleicht hatte er einfach nicht so viel Lust auf Party oder
war allergisch gegen Alkohol. Jedenfalls war er plötzlich
18 Jahre alt und die letzte Jungfrau auf der Schule.

Weil junge Menschen untereinander in Liebesangelegen-
heiten oft äußerst grausam sind, wussten natürlich alle
davon – inklusive dem Biolehrer. Weil die ewige Jungfrau
wenigstens ein bisschen Würde für sich behalten wollte,
hat sie kurz nach dem Abitur mit dem Thema Sex komplett abgeschlossen. So, als wäre es nicht existent.

Nun sieht sein Leben so aus: Alle Verkupplungsversuche
im Freundeskreis sind gescheitert. Wenn seine Freunde
über ihr Liebesleben reden, verlässt er den Raum. Er hat
sich mit der Zeit zum Sexvermeider entwickelt. Er hasst
Körperlichkeit wie der Teufel das Weihwasser, und wenn
irgendwer irgendwo irgendwann über Sex redet, fühlt er
sich bedroht und wird zuerst zynisch und dann böse.

Die ewige Jungfrau ist weder hässlich noch erfolglos. Entgegen dem Klischee lebt er mit 35 auch nicht mehr bei
seiner Mutter. Im Gegenteil: Wenn Männer auf einem

Gebiet so offensichtlich versagen, suchen sie sich oft ein neues Betätigungsfeld. Es ist also recht wahrscheinlich, dass die ewige Jungfrau gerade zum Bereichsleiter deiner Firma befördert wurde.

Auch auf sein Äußeres legt der ansonsten recht ehrgeizige Ewige-Jungfrau-Mann Wert, weil ihm schließlich niemand sein sexuelles Defizit ansehen soll. Unter Umständen hat er ein ausgefallenes Hobby, um die Lücke in seinem Leben zu füllen, vielleicht sammelt er Action-Spielzeugfiguren oder spielt Tuba. Sicher ist die ewige Jungfrau nicht besonders glücklich, oft wird er sentimental, und auf Partys geht er auch nicht besonders gern. Schließlich kann kein Mensch nach seinem 25. Geburtstag noch offen zugeben, dass er noch nie Sex hatte (ohne als Vollfreak zu gelten). Die ewige Jungfrau vermeidet also alle Gelegenheiten, in denen er auffliegen könnte.

Weil die ewige Jungfrau trotz oder gerade wegen seiner Sexlosigkeit ein Romantiker ist, besucht er keine Prostituierten. Dafür verliebt er sich ständig in Kolleginnen oder Nachbarinnen oder andere Frauen, denen er täglich begegnet. Unsterblich. Dann schreibt er nachts Liebesbriefe, die er niemals abschickt, und malt sich aus, wie es wohl wäre, endlich einmal Sex zu haben.

Vielleicht lernt die ewige Jungfrau irgendwann eine Frau kennen, der er wirklich näherkommt. Leider blockt er ab, sofern die Frau mehr als nur Knutschen will, denn er hat fürchterliche Angst davor, im Bett zu versagen. Schließlich weiß er nicht, wie das geht: Sex.

Es gibt nur zwei Möglichkeiten, diese Hemmungen zu

überwinden: Die eine heißt Psychotherapie. Die andere: harter Alkohol in rauhen Mengen. Weil bei Letzterem aus biologischen Gründen die Sache mit dem Sex nicht gerade einfacher wird, kann die ewige Jungfrau nur hoffen, irgendwann einer Frau zu begegnen, die ebenso verklemmt ist wie er. Wenn beide ehrlich zueinander sind, können sie gemeinsam jenes erste Mal nachholen, das sie mit 17 nicht hatten.

Das mag er: reden

Das mag er nicht: anfassen

Das hatte er noch nie in der Hand: Kondome

So gibst du ihm den Laufpass: »Ich will jetzt sofort mit dir schlafen!«

Anzahl Sexpartner im Leben: 0

Nr. 12
Der geile Greis

*E*r ist mindestens 25 Jahre älter als das Objekt seiner Begierde. Seine Art des Flirtens stammt noch aus einer Zeit, als Helmut Kohl Bundeskanzler war und die deutsche Hauptstadt Bonn hieß. Seine Schläfen sind grau, sein Cholesterinspiegel ist zu hoch, und wenn man ihn fragt, welche Filmschauspielerin er heiß findet, sagt er »Kim Basinger«. Kurzum: Er ist ein alter Mann. Jedenfalls in direktem Vergleich mit den Männern aus deinem Jahrgang. Der geile Greis glaubt, dass er mit seinem Intellekt und seiner Altersweisheit bei den (jungen) Frauen punkten kann. Oft genug trifft das zu. Frauen, die den geilen Greis daten, haben oft einen ausgeprägten Vater- oder einen Bildungskomplex.

Der geile Greis arbeitet zu 90 Prozent als Professor an der Uni. Seine Zielgruppe: Studentinnen, Fachgruppe: Literaturwissenschaften. Oder der geile Greis besitzt eine Kunstgalerie, wo er natürlich nur die Werke 23-jähriger ukrainischer Videokünstlerinnen ausstellt (obwohl er gar nicht versteht, um was es dabei geht). Vielleicht hat er auch eine Bar in der Innenstadt, mit gedämmtem Licht und einer beachtlichen Whiskey-Karte.

Er umgibt sich gern mit schönen Frauen, eine Altersgrenze nach unten hat er dabei nicht, solange er sich noch im legalen Bereich aufhält. Natürlich ist der geile Greis auch ein bisschen schmierig, er starrt einer Frau grundsätzlich völlig unvermittelt aufs Dekolleté, aber schließlich ist er in einer Zeit aufgewachsen, in der sexuelle Belästigung als normale Umgangsform galt.

Der geile Greis fährt einen alten Porsche (911 Targa), der vielleicht noch älter ist als er selbst, das Aussteigen aus seinem Wagen fällt ihm allerdings von Jahr zu Jahr schwerer, weshalb er die Kiste inzwischen schon außer Sichtweite der Galerie / Uni / Bar parkt, um sich nicht zu blamieren. Frauen nennt er »Baby«, außerdem kennt er alle Filme mit Humphrey Bogart. Der geile Greis schreibt keine SMS, keine WhatsApp und ist nicht auf Facebook. Wenn er mit dir sprechen will, ruft er an (Festnetz!) oder steht direkt vor deiner Tür. Wenn ihr euch kennenlernt, fragt dich der geile Greis erst mal nach deiner Faxnummer.

In seiner gebündelten Oldschool-Manier benimmt sich der geile Greis zunächst wie ein echter Gentleman: Er denkt schließlich seit 1987, er wüsste, wie man Frauen ins Bett kriegt. Also bringt der geile Greis Blumen zu Verabredungen mit, er gibt Feuer, hält die Türe auf, hilft aus dem Mantel, zahlt die Rechnung und so weiter.

Unter Umständen kann es für dich kurz reizvoll sein, einen Mann zu daten, der bereits Dates hatte, als du noch nicht einmal geboren warst. Der geile Greis verströmt eine entspannte Aura. Er muss in seinem Leben keine Wettkämpfe mehr austragen, er muss nicht mehr mit dem

Rucksack auf den Machu Picchu steigen oder nackt in den Baggersee springen. Das hat er alles gemacht, als er selbst so jung war wie du. Heute setzt er sich lieber mit einem gepflegten Cognac vor seinen Kamin und hört dir geduldig zu, fragt dich nach deinen Träumen und hilft dir mit seinen Lebensweisheiten auf die Sprünge. Was höflich wirkt, dient allerdings nur einem Zweck: Der geile Greis will Sex. Besonders geduldig ist er dabei nicht, denn er hat schließlich nicht mehr besonders viel Zeit.

Seine Aufreißmasche stammt aus den James-Bond-Filmen der 80er Jahre und sieht so aus: Der geile Greis bittet dich nach dem Abendessen noch auf ein Glas Champagner in seine Wohnung, auf seinem Designersofa bietet er dir eine Fußmassage an, verschwindet kurz Richtung Plattenschrank, zwei Minuten später schmettert Frank Sinatra »Come Fly with Me«.

Bist du betrunken genug, um nicht sofort zu verschwinden, legt sich der geile Greis neben dich, stützt seinen Kopf mit der rechten Hand ab und streichelt scheinbar gedankenverloren mit dem Handrücken über deinen Oberarm.

Du lächelst, kippst den letzten Schluck Champagner und verabschiedest dich mit einem Küsschen auf die Wange. Der geile Greis ist natürlich viel zu souverän, um dir eine Szene zu machen. Allerdings ist er auch viel zu müde, um nach halb zehn noch um die Häuser zu ziehen. Also ruft er seine Ex-Frau an, mit der er zwanzig Jahre verheiratet war, und jammert ein bisschen über das Leben, die Liebe und seinen Cholesterinspiegel. Danach meldet er sich fürs kommende Wochenende bei ihr zum Mittagessen an.

Erteilst du dem geilen Greis einmal eine Abfuhr, wird er dich nicht mehr belästigen. Als Abschiedsgruß schickt er dir die Sinatra-Platte und einen Strauß Baccara-Rosen ins Büro.

Das mag er: Frauen unter 35

Das mag er nicht: Frauen über 35

Style-Accessoire: Viagra

Sein Vorbild: Rolf Eden

So gibst du ihm den Laufpass: Du bestellst ihm ein Abo des städtischen Seniorenmagazins.

Nr. 13
Der Fremden-
verkehrsführer

Sein Name: Juan Antonio Márquez Lobo Villazón. Er catcht die Frauen über seine fremde Sprache und die ausgeprägte Exotik seines Daseins. Seine Haare trägt er zum Pferdeschwanz gebunden, außerdem ein gemustertes Seidenhemd und spitz zulaufende Herrenschuhe in Schlangenlederoptik. Der Fremdenverkehrsführer ist so braun, als käme er direkt aus der Sonne Andalusiens / Mexikos / Chiles, und er lispelt leicht, weil sich seine Aussprache dann noch spanischer anhört. Seine Hose ist immer ein bisschen zu eng, und er riecht so ausgeprägt nach Rasierwasser wie der **#Drogeriehengst**. Auf seinem Facebook-Profil sind ausschließlich Strandbilder mit Bikinimädchen zu sehen, dazwischen er in Speedo-Badehose und überall Cocktails mit Schirmchen.

Frauen lernt der Fremdenverkehrsführer in Tapas-Bars kennen. Oder im Hauseingang des Goethe Instituts. Er spricht dich völlig unvermittelt an, du verstehst nur die Hälfte, dafür macht er einen lasziven Hüftschwung und lädt dich auf ein Glas Sangría ein. Bei eurem ersten Date erzählt er von seiner Kindheit in der Steppe Andalusiens / Mexikos / Chiles, seinen drei kleinen Brüdern und seiner geliebten Mutter, die ein kleines Hotel direkt an der Küste besitzt. Wenn du ihm eine Weile lang zuhörst, fühlst du dich, als hätte Antonio Banderas persönlich den Arm um dich gelegt.

Dass der Fremdenverkehrsführer in Wahrheit »Anton Müller« heißt, dreimal die Woche in Erding ins Solarium geht und Regensburger Dialekt spricht, merkt ja keine, denn er haucht seine Liebesschwüre nur fremdsprachig. Seine Zielgruppe: Erasmus-Studentin (21) und Sonderschulpädagogin mit Faible für Südamerika (56).

Aber der Fremdenverkehrsführer ist so flexibel wie seine Bräunungsstufe im Solarium. Als Fake-Südländer sieht er sich in der Pflicht, das Klischee des Aufreißers am Leben zu halten. Sein Pseudonym dient ihm bei der Suche nach Frauen. Meistens hat der Fremdenverkehrsführer drei bis vier Freundinnen gleichzeitig. Denen kredenzt er in seiner Fünfzehn-Quadratmeter-Bude mit den Stierkampfpostern an der Wand zuerst eine Paella und legt danach Gitarrenmusik auf. Seine Bettwäsche ist aus rotem Satin, das Leintuch schwarz wie seine gefärbten Haare. Er redet gern in Kalendersprüchen und philosophiert über das Leben. Der Fremdenverkehrsführer sagt Dinge wie: »Das Leben ist voller Schmerz, also sollten wir versuchen, uns gegenseitig wenigstens ein bisschen Freude zu machen.«

Weil eine Beziehung zwischen Mann und Frau ja auch immer eine Phantasie und ein Sichwegträumen vom Alltag ist, treibt der Fremdenverkehrsführer es in dieser Phantasie eben ziemlich weit: Zeit mit ihm zu verbringen fühlt sich deshalb auch ein bisschen wie Urlaub an. Sonnenuntergang, Rotwein im Glas, zirpende Grillen im Ohr. Doch weil jeder schöne Urlaub irgendwann zu Ende geht, ist auch die Beziehung zu Juan Antonio nichts, was dich auf Dauer erfreuen kann. Irgendwann schmeckt die Paella fad, und du ahnst langsam, dass er sie bei REWE als Fertiggericht kauft. Außerdem hinterlässt der Rotwein einen pelzigen Geschmack im Mund. Vielleicht nimmt dich der Fremdenverkehrsführer tatsächlich mal mit zu seiner Mutter, die aber kein kleines Hotel an der Küste, sondern eine Plattenbau-Pension im Industriegebiet betreibt.

Die Exotik und die Leidenschaft sind schnell dahin. Außerdem ist der Fremdenverkehrsführer latent eifersüchtig. Du willst nur noch weg von ihm, aber auch dann reagiert er impulsiv und klischeegetreu seinem südländischen Alter Ego: Er flucht und schreit, zerschmettert Gläser, reißt die Stierkampfposter von der Wand, schreibt dir Liebesbriefe und garniert sie mit echten Bluttropfen.

Das mag er: Siesta

Das mag er nicht: deutscher Sommer

Style-Accessoire: Dreitagebart

Lieblings-Anmachspruch: »Deine Vaterr muss eine Dieb gewese sein …«

Sein Vorbild: Javier Bardem

Nr. 14
Der Aussitzer

Du lernst den Mann nicht kennen, du kennst ihn bereits. Er hat Zeit. Er hat Geduld. Er wartet ab – und irgendwann greift er an.

Wie eine Schlange im Terrarium die Maus fixiert und wartet, bis sie die perfekte Position eingenommen hat, um gefressen zu werden. Zugegeben, das Beispiel ist ziemlich hart, denn der Aussitzer ist nicht besonders durchtrieben. Er ist Pragmatiker und spart einfach seine Kräfte.

Früher, in der neunten Klasse, da war der Aussitzer verliebt in die Klassenschönheit, aber sie hatte keine Augen für ihn. Der Aussitzer ist oft auch der Nerd, also der Typ mit dem Pferdeschwanz, dem Iron-Maiden-Band-T-Shirt und der speckigen Jeans. Außerdem interessiert er sich für Informatik.

Der Aussitzer weiß, dass er aktuell keinerlei Chance bei dem Mädchen hat. Also überlegt er sich eine Strategie, wie er trotzdem möglichst viel Zeit mit ihm verbringen kann. Denn er hat sich mit verschiedenen Statistiken ausgerechnet, dass seine Chancen in Zukunft steigen. Der Aussitzer bietet sich also für Nachhilfestunden an (oder Fahrdienste oder das Deko-Team). So ist er wenigstens für ein paar Stunden – aber mit einer gewissen Regel-mäßigkeit – dem Mädchen nahe.

Der stille Junge mit der guten Mathenote weiß, dass seine Zeit noch kommen wird. Nämlich dann, wenn im zweiten Halbjahr der neunten Klasse die Klassenschönheit tatsächlich von ihrem Freund sitzengelassen wird. Dann kauert sie verheult vor den Hausaufgaben neben dem Aussitzer, und er streichelt ihr vorsichtig über den Rücken. »Du hast einen Besseren verdient«, sagt der Aussitzer und meint natürlich sich selbst. Die Klassenschönheit jedenfalls ist gerührt und gibt dem Aussitzer endlich einen Kuss. Er ist also am Ziel – auch wenn es lange genug gedauert hat.

Auch Jahre später verdingt sich der Aussitzer als hilfsbe-reiter Freund oder platonischer #Liebesdiener. Er setzt darauf, dass die Frau mit der Zeit mürbe wird. Dass sie sich quasi an seine Anwesenheit gewöhnt. Sobald sie dann ihren Garpunkt erreicht hat und sich ein schwacher Mo-ment abzeichnet, kommt der Aussitzer zum Zug. Dabei scheut er keine Kosten und Mühen, er setzt auf langfristi-ges Investment.

Er schlägt genau dann zu, wenn du es gar nicht mehr für möglich hältst. Das macht den Aussitzer unsympathisch, weil es niemals gut ist, wenn eine Beziehung mit einem Trick beginnt.

Außerdem nutzt der Aussitzer grundsätzlich die akute emotionale Schwäche einer Frau aus. Du hast also ent-weder gerade eine Trennung hinter dir oder befindest dich in einer »Werde-ich-für-immer-Single-sein?«-Krise. Der Aussitzer ist freilich verliebt in dich, er sucht sich keine willkürlichen Partnerinnen, sondern er hat es genau auf dich abgesehen. Leider fehlt ihm der Mumm, offen zu flirten und dir seine Zuneigung deutlich zu machen. Er will nicht scheitern, und deshalb wartet er einfach so lange, bis die Anbahnung eurer Beziehung entweder von dir ausgeht (und das passiert nie) – oder er es eben durch die Umstände leicht hat, bei dir zu landen.

Die Beziehung zum Aussitzer hält deshalb niemals länger als ein paar Monate. Du registrierst schnell, dass du vom Aussitzer überrumpelt wurdest. Und du fragst dich, warum er nicht einfach von Anfang an mit offenen Karten gespielt hat. Vielleicht hätte eure Beziehung dann tatsächlich eine Chance gehabt.

Das mag er: Warteschleife

Das mag er nicht: Speed-Dating

Style-Accessoire: Geduld

Lieblingspflanze: Rose von Jericho

So gibst du ihm den Laufpass: Du schlägst ihm einen Quickie vor.

Nr. 15
Der Ex-Promi

Seine Glanzzeiten waren in den 90ern, damals war der Typ Sänger einer deutschen Boyband oder Schauspieler bei GZSZ oder VIVA-Moderator. Er heißt Kim, Patrice oder Robert und er ist alt geworden, eventuell auch dicker als damals, nur seine Frisur sieht noch immer gleich aus (damit wenigstens etwas an ihm noch so wirkt wie früher).

Einerseits tut der Ex-Promi so, als würde er mit seiner Vergangenheit nichts mehr zu tun haben wollen. Andererseits ist er total stolz auf das, was er einmal gewesen ist: Auf ironische Art erwähnt der Mann deshalb an einem Abend mit dir mindestens einmal, dass er tatsächlich dieser »Boyband-Typ« ist – auch wenn du ihn gar nicht danach gefragt hast. Aber der Ex-Promi will natürlich, dass die Frauen ihn erkennen. Sein verblichener Fame ist alles, was er noch hat. Das Schlimme ist nur: Niemand erkennt ihn mehr. Außer einer sehr, sehr speziellen Zielgruppe an Frauen, die damals die *Bravo* abonniert hatten, in der er Posterboy oder Hauptdarsteller in der Foto-Love-Story war. Die Frauen, die damals 15 Jahre alt und unsterblich in den Moderator/Boyband-Typen/Schauspieler verliebt waren, sind heute natürlich auch schon alle über 30. Der

Ex-Promi erinnert sie an ihre eigene Jugend und die Zeit der ersten Küsse und der ersten Verknalltheit. Er ist wie Kassettenrekorder und Schulterpolster zusammen: unpraktisch und ziemlich aus der Mode. Nicht mehr als eine nostalgische Erinnerung.

Der Ex-Promi ist viel auf Tinder unterwegs, dort zeigt er sich mit dem Foto, das damals bei MTV aufgenommen wurde (damit seine Zielgruppe ihn erkennt).

Du lernst den Ex-Promi im Grill Royal kennen, er sitzt mit einer Gruppe Musikern am Nachbartisch, und irgendwann kommt ihr ins Gespräch. Der Ex-Promi lässt sich grundsätzlich von einem seiner Begleiter vorstellen. Wahrscheinlich durch eine Art Running Gag, der so einstudiert wirkt, wie er tatsächlich auch ist.

Vielleicht bedeutet es dir ja eine Genugtuung mit einem Mann zu schlafen, in den du einmal so hoffnungslos verliebt warst. Außerdem ist der Ex-Promi eine extrem verkrachte Person mit massiven Psychoproblemen. Wenn du einen ausgeprägten Helferkomplex hast, turnt er dich also erst recht an.

Heute arbeitet der Ex-Promi übrigens im Speckgürtel seiner alten Jobs. Er zehrt von dieser Peripherie, in der er noch halbwegs okay vernetzt ist. Wenn er seine Groupies ausführt, hofft der Ex-Promi natürlich, dass er eine zuvorkommende Behandlung durch die Kellner erfährt – leider kriegt er in der Regel nicht einmal einen Tisch. Zwar hält er sich ständig in den Schuppen auf, in denen die aktuellen Promis verkehren, aber das macht den Ex-Promi erst recht depressiv.

Natürlich will niemand mehr den Ex-Promi als Sänger oder Schauspieler sehen oder hören, also produziert er jetzt Musikvideos oder arbeitet als Tontechniker in dem Studio, in dem er früher selbst Platten aufgenommen hat. Ersparnisse aus seiner erfolgreichen Zeit hat er keine, weil sie sehr kurz war und er damals auch noch sehr jung. Manchmal schaut er sich nachts die alten Videoclips an und weint leise in sich hinein.

Ob du dich dauerhaft mit dem Ex-Promi einlässt, solltest du dir gut überlegen: Er hat selbst so viele Probleme und daher kaum Zeit für dich. Außerdem trauert er seiner Karriere hinterher wie einer Verflossenen. Er denkt, seine besten Zeiten liegen bereits hinter ihm.

Stimmt vielleicht sogar.

Das mag er: Retro-Party, YouTube

Das mag er nicht: Newcomer

Style-Accessoire: Bravo-Otto (Silber)

So gibst du ihm den Laufpass: Du erkennst ihn nicht.

Sein Vorbild: Macauley Culkin

Nr. 16
Der gleitende Angestellte

*D*ieser Kollege kommt direkt aus der Hölle. Man findet ihn in jeder Firma, ohne Ausnahme. Er arbeitet als Sachbearbeiter bei Siemens. Oder er verkauft Versicherungen. Vielleicht sitzt er auch in der Verwaltung deines Unternehmens. Jedenfalls ist sein Job alles andere als glamourös oder sexy, aber das macht der gleitende Angestellte an anderer Stelle wieder wett: In seiner Schreibtischschublade liegt ein Pirelli-Kalender, den die Kollegen ihm zum letzten Geburtstag geschenkt haben; sein Bildschirmhintergrund zeigt Pamela Anderson im Baywatch-Badeanzug, und der Chefsekretärin pfeift er hinterher, auch wenn die Frau kurz vor der Rente steht.

Das Büro ist für den gleitenden Angestellten eine einzige Schenkelklopfer-Zone: Morgens trinkt er seinen Kaffee aus einer Tasse mit dem Aufdruck »Ich Chef, du nix!«. Mittags schreitet er den Flur ab und ruft »Maaahlzeit!« in jedes Zimmer; in der Warteschlage der Kantine setzt er sich die Deko auf den Kopf und zieht Grimassen. Abends verabschiedet er sich mit »Tschüssikowski!« bei allen und tönt, dass er jetzt gleich noch ein Pils zischen geht (»Noch ein Pils, auf die Milz!«).

Er arbeitet gerade so viel, dass er nicht gefeuert wird, und so wenig, dass seine Kollegen ihn alle hassen. Natürlich geht er jedem und jeder in der Firma auf die Nerven. Er kommt grundsätzlich zu spät zu Konferenzen, fragt Kunden nach ihrer »Teflonnummer«, sein Gehalt nennt er »Schmerzensgeld«. Im Kopierraum stellt er sich von hinten ganz dicht an die übergewichtige Kollegin und macht obszöne Gesten; wenn ihm besonders langweilig ist, schmiert er den Hörer seines Kollegen mit Gleitcreme ein oder legt den Jungs von der Poststelle XXL-Kondome auf den Tisch. Freitags prahlt er mit seinen Plänen fürs Wochenende (Party, Pilsbar, Puff). Montags zieht sich seine Alkoholfahne bis in den Nachmittag. Aus seinem Urlaub in El Arenal schickt der gleitende Angestellte eine Postkarte, worauf barbusige Frauen sich mit Sonnenmilch einschmieren. Auf der Rückseite schreibt er: »Prost, ihr Säcke!«

Weil der Arbeitsalltag ohne den gleitenden Angestellten ziemlich langweilig wäre, ist er trotz all seiner unerträglichen Witze auf eine perverse Art bei seinen Kollegen anerkannt. Aber das würde natürlich keiner freiwillig zugeben. Seine platten Flirtversuche bei den Kolleginnen scheitern bereits im Ansatz.

Weil er das weiß, baut der gleitende Angestellte auf eine schutzlose Zielgruppe: die Neue. Jede Praktikantin, studentische Aushilfe oder junge Kollegin in der Firma ist ein potenzielles Opfer für ihn. Noch an ihrem ersten Arbeitstag fährt der gleitende Angestellte seine perfide Taktik: Er schreibt eine freundliche Mail, die ihn völlig zu Unrecht in ein seriöses Licht rückt, er lädt die Neue zum Mittagessen ein oder stellt Hilfe bei der Arbeit in Aussicht. Dahinter setzt er noch drei Zwinker-Smileys, weil er sich den Schalk eben nie ganz verkneifen kann. In Wahrheit dient seine fadenscheinige Kontaktaufnahme natürlich dazu, die Neue so schnell wie möglich flachzulegen.

Solltest du von deinem Kollegen in den ersten Arbeitswochen also eine solche Mail erhalten, sollte der Typ dich im Aufzug ansprechen oder sonstwie privat Kontakt aufnehmen, schau ihn dir genau an: Machen die anderen Kollegen einen weiten Bogen um ihn? Sitzt er in der Kantine grundsätzlich allein? Trägt er ein Furzkissen unterm Arm? Womöglich dient seine Charmeoffensive nur der Befriedigung seines Balzverhaltens.

Der gleitende Angestellte liebt seine Arbeitsstelle. Das Büro ist für ihn wie ein Biotop, sein persönliches Jagdrevier liegt irgendwo zwischen Kopierraum und Teeküche. Dass die Frauen der Firma bereits von weitem vor dem gleitenden Angestellten Reißaus nehmen: Es juckt ihn nicht. Dass die Personalabteilung gerade eine Sammelklage wegen sexueller Belästigung am Arbeitsplatz gegen ihn vorbereitet: Ist ihm egal.

Die Neue im Betrieb – im schlimmsten Fall also du – weiß schließlich nichts davon. Und solange die Kollegen ihr auch nichts davon erzählen, hat der gleitende Angestellte freie Fahrt. Schließlich ist man selten so liebesbedürftig und unsicher wie in den ersten Tagen in einem neuen Job.

Es kann also sein, dass du dich mit dem gleitenden Angestellten tatsächlich auf ein Feierabendbier verabredest – aus lauter Dankbarkeit, dass sich jemand im Büro um dich kümmert. Spätestens wenn du dich zwischen einer Dart-Scheibe und zwanzig Kümmerling-Flaschen in der hässlichsten Spelunke der Stadt wiederfindest, ahnst du: Der gleitende Angestellte will dir nicht nur im Büro unter die Arme greifen. Hoffentlich hast du zu diesem Zeitpunkt noch nicht die drei Sambucca getrunken, die der gleitende Angestellte dir ausgegeben hat, und findest rechtzeitig den Weg nach Hause. Wenn nicht, hilft am nächsten Tag nur noch ein Anruf bei der Personalabteilung – mit der Bitte um Versetzung.

Das mag er: Weihnachtsfeier

Das mag er nicht: Gleichstellungsbeauftragte

Das steht auf seinem Schreibtisch: Phrasenschwein-Spardose

Sein Vorbild: Bernd Stromberg

Anzahl Sexpartner pro Jahr: Frag die Personalabteilung!

Nr. 17
Der Schwiegersohn in spe

*E*r ist der Traum aller Mütter. Bereits nach eurem ersten Date will der Schwiegersohn in spe deine Heimat kennenlernen, ihr fahrt also übers Wochenende zu deiner Familie. Dort angekommen, überreicht er deiner Mutter einen überdimensional großen Blumenstrauß. Deinem Vater hat er eine Flasche Edel-Schnaps mitgebracht und deiner kleinen Schwester einen Cashmere-Schal. Der Schwiegersohn in spe macht sich beliebt mit all seinen Gaben, er meint es ernst mit dir, vor allem aber mit deinen Liebsten.

Der erste Abend mit deinen Eltern verläuft so: Wenn Horst und Annegrete beim Abendessen erzählen, wie süß du so als Kind warst, dann blüht der Schwiegersohn richtig auf: Er muss deine Mutter nicht lange bitten, und schon sind die Fotoalben vom Speicher geholt, der Schwiegersohn in spe gluckst über den Bildern von dir aus dem Krankenhaus, die Fotos von deiner Kommunion findet er »so dermaßen putzig«, sogar die VHS-Kassetten von deinem Abschlussball in der zehnten Klasse sichtet er mit größtem Interesse. »Schau mal, unsere hübsche Kleine …«, sagt deine Mutter mit der Fernbedienung auf ihrem Schoß, und der Schwiegersohn in spe wirft dir einen sehnsüchtigen Blick zu. Es ist nicht auszuschließen, dass er dir noch an demselben Abend einen Heiratsantrag macht. Allerdings fragt er davor erst mal deinen Vater.

Der Schwiegersohn kann gar nicht genug von dir bekommen. Er will nicht nur die Hauptrolle in deiner Gegenwart und Zukunft spielen, er ist auch auf deine Vergangenheit scharf. Außerdem versucht er, über eine möglichst enge Bindung zu deinen Eltern eure Paarbeziehung zu festigen. Das funktioniert natürlich nur, wenn du mit deinen Eltern ein gutes Verhältnis hast. Ansonsten wirkt sein Verhalten extrem anbiedernd.

Der Schwiegersohn will jedes zweite Wochenende mit dir zu deiner Familie fahren, bereits nach zwei Monaten nennt er deine Eltern nicht mehr nur bei ihren Vornamen, sondern direkt »Mama« und »Papa«. Er fährt mit deinem Vater in den Baumarkt und mit deiner Mutter zum Arzt. Anstatt mit dir, ist er irgendwann lieber mit deinen Eltern zusammen. Er schlägt vor, dass ihr gemeinsam in den Urlaub fahrt, und vielleicht will er sogar irgendwann bei ihnen ins umgebaute Erdgeschoss einziehen (**#Lokalmatador**).

Das Problem ist: Der Schwiegersohn in spe verbrüdert sich irgendwann so stark mit deinen Eltern, dass du in allen Familienentscheidungen den Kürzeren ziehst. Vielleicht macht er dir auch direkt deine Rolle als Lieblingskind deiner Eltern streitig. Irgendwann entstehen echte Eifersüchteleien. Das kann schnell zu Konflikten zwischen euch führen, weil du nicht gerade das Gefühl hast, dass der Schwiegersohn in spe dich als Erwachsene sieht – eher als Tochter deiner Eltern, die längst seine besten Freunde geworden sind. Das wiederum verschafft ihm eine innere Ruhe, da er keine Gefahr sieht, dass dich ein anderer Mann ihm ausspannen könnte, solange er so eine enge Familienbindung pflegt.

Der Schwiegersohn in spe setzt auf Sicherheiten. Je länger ihr zusammen seid, desto stärker spürst du, dass ihr kaum gemeinsame Gesprächsthemen mehr habt – außer dem neuen Haarschnitt deiner Mutter und der Frage, ob er deiner Schwester beim Reifenwechsel helfen kann.

Auf Familienfeiern seid ihr zwei zwar das glänzende Vor-zeigepaar, aber dann erinnerst du dich wieder an den al-ten Spruch: »Liebe vor Leuten hat nichts zu bedeuten.« Seid ihr zu zweit, schweigt ihr euch nämlich bald schon an. Der Schwiegersohn mutiert zu dem Bruder, den du niemals hattest. Aber wer ist schon gern mit seinem Bru-der liiert?

Das mag er: Familienfeiern

Das mag er nicht: Waisenkinder

Style-Accessoire: Fleurop-Dauerauftrag

Sein Vorbild: Kai Pflaume

Lieblings-DVD: »Meet The Parents«

Nr. 18
Der Hulk

*E*r ist ständig aggro und rastet bei jeder kleinen und großen Gelegenheit aus. Alles, einfach alles macht ihn MEGA-wütend.

Seit frühester Kindheit hat der Hulk seine Emotionen nicht im Griff: Bereits auf dem Spielplatz war er der kleine Junge, der den anderen Kindern die Schaufel über den Kopf zog – ohne Grund. Danach ließ er sich mit den Knien zu Boden fallen und vergrub sein tränenüberströmtes Gesicht im Sand. Der Kindergärtnerin kickte er gegen das Schienbein, weil sie ihm zum Trost ein Gummibärchen anbieten wollte. Seiner Mutter schmiss er morgens die Spieluhr hinterher, wenn sie ihn für die Schule wecken wollte.

Die Eltern waren schon immer machtlos gegen die Wutattacken ihres kleinen Hulk, sie dachten, es würde sich schon irgendwie auswachsen. Wenn Kinder aus dem Nichts heraus wütend werden, finden Erwachsene das manchmal ja sogar süß. Wenn sie später als Jugendliche Diskussionen anzetteln, nervt das, aber es gehört irgendwie dazu. Erst als Erwachsener wird der Hulk gemeingefährlich.

Zwar hat er sich mit den Jahren körperliche Attacken ab-
gewöhnt (falls nicht, landet er schnell hinter Gittern),
aber dafür hat sich der Hulk ein Repertoire an verbalen
Beleidigungen und Selbstzerstörungsmechanismen angeeignet. Wie ein Porsche 911 Turbo S beschleunigt der
Hulk von null auf hundert in weniger als drei Sekunden.
Die Auswahl an Ereignissen, die den Hulk wütend machen, ist beachtlich. Leider auch völlig undurchsichtig.
Ärgert sich der Hulk, über was auch immer, wird sein
Kopf nicht grün, sondern knallrot. Seine Stimme ist plötzlich zwei Oktaven höher, und zwischen seinen Mundwin-
keln bildet sich Schaum.
Der Hulk schreit Fremde auf der Straße an, weil sie ihn
aus Versehen berührt haben. Er beschimpft den Verkäufer
von Vodafone als Schwachkopf, weil der ihm den vermeintlich falschen Tarif anbietet. Er verflucht die Frau an
der Kinokasse, weil der Film ausverkauft ist. Die Kriterien
für seine Aufreger ändern sich ständig. Der Hulk ruft
dreimal die Woche die Polizei. Der Hulk schluckt nichts
runter, er lässt alles raus. Was psychologisch vielleicht sogar gesund für ihn ist, ist für seine Umwelt fatal. Ein Feld,
in dem der Hulk besondere Probleme hat, ist der Autover-
kehr: Er ist ein aggressiver Fahrer, der sich ständig im
Recht sieht und mit den Handflächen aufs Lenkrad
schlägt, wenn man ihn nicht sofort einfädeln lässt.
Bist du die Freundin des Hulk, witterst du überall Gefahr.
Jeder noch so schöne Abend kann innerhalb von Sekunden an der Laune des Hulk zerbrechen, und dafür braucht
es nur einen lauwarmen Cappuccino. Jede Urlaubsreise

mit dem Hulk entwickelt sich mindestens an einer Stelle zum Fiasko: In ungewohnter Umgebung ist er besonders empfindlich.

Gegen dich wird der Hulk zwar schnell wütend, wenn ihr euch streitet, vermeidet er trotzdem den Konflikt und macht sich aus dem Staub. Es scheint, als hätte er keine Aggressionen mehr für seine Beziehung übrig, weil er sie im Alltag alle schon verbraucht hat.

Grundsätzlich können die Wutausbrüche des Hulk auch ein bisschen heiß auf dich wirken, schließlich beweist er damit, dass er ein richtiger Alphamann ist und ein potenzieller Beschützer. Vor allem weil er sich ständig mit Männern anlegt, die vermeintlich unhöflich zu dir waren oder dich im Café nicht schnell genug bedient haben.

Mit der Zeit aber nervt dich die emotionale Unberechenbarkeit des Hulk, vor allem aber seine optische Veränderung im Jähzorn: Je älter der Hulk wird, desto mehr treten auf seiner Stirn die Adern hervor, desto röter wird sein Gesicht. Du versuchst ständig, den Hulk zu beruhigen, du streichelst ihm beschwichtigend über den Arm oder versuchst, ihn abzulenken. Das klappt natürlich nie. Wenn du die Alltagsopfer des Hulk irgendwann in Schutz nimmst, ist es endgültig zu Ende. Dann nämlich richtet sich die Aggression des Hulk plötzlich doch gegen dich: Loyalität ist ihm nämlich mindestens so wichtig wie guter Service.

Ist der Hulk übrigens dein jähzorniger Ehemann, gibt es nur eine Aussicht für eure Beziehung: Spätestens mit 50 erleidet er vor lauter Wut einen Herzinfarkt, weil im Kühlschrank die Sahne abgelaufen ist.

Das mag er: Ärger

Das mag er nicht: Baldrian

Style-Accessoire: Bluthochdruck

Sein Vorbild: Oliver Kahn

So gibst du ihm den Laufpass: Du kaufst ihm ein T-Shirt mit dem Aufdruck »Calm Down«.

Nr. 19
Der Clown

*G*rundsätzlich alles, was der Clown sagt, ist ironisch gemeint. Fragst du den Clown, wie es ihm geht, antwortet er: »Wahnsinnig gut, ich habe heute höllische Kopfschmerzen und muss gleich noch zur Wurzelbehandlung!« Beim ersten Mal kannst du darüber vielleicht noch lachen. Aber bald schon geht dir der Clown auf die Nerven, wenn er vorschlägt, ob ihr euch bei McDonald's zum Abendessen treffen wollt. Hahaha, denkst du und grinst etwas verlegen. Das Problem mit Ironie ist ja dieses: Sie funktioniert nur in minimalen Dosen. Der Clown aber übertreibt es komplett, er hat verlernt, etwas so zu sagen, wie er es auch meint.

Besonders schlimm zeigt sich das in der digitalen Kommunikation mit dem Clown. Du schreibst ihm eine SMS, ob er demnächst mal auf einen Drink zu dir kommen möchte. Der Clown antwortet: »Nee Du, eigentlich überhaupt nicht!«, und schickt noch einen Smiley mit Teufelshörnern hinterher. Wenn ihr euch nicht besonders lange kennt, bist du erst mal fassungslos. Meint der Typ das tatsächlich ernst? Und wenn nicht, wie sollst du darauf jetzt bloß antworten? Das macht den Clown zu einem anstrengenden Mann und zu einem beinahe unerträglichen Partner. Schließlich weißt du nie, woran du bei ihm bist.

Wenigstens jammert er selten. Selbst wenn es dem Clown schlechtgeht, packt er das in einen Joke. Seine echten Gefühle offenbart er freilich so gut wie nie. »Gefällt dir das?«, fragst du den Clown, wenn du seinen Nacken massierst, und er stöhnt vor Wonne, sagt aber: »Überhaupt nicht!«

Natürlich ist die Ironie ein persönlicher Schutzwall, den sich der Clown aufgebaut hat. Er versucht seine Unsicherheit gegenüber dem anderen Geschlecht – und gegenüber dem Rest der Welt – durch Dauerironie zu überspielen.

Nicht allen Männern fällt es schwer, über ihre Gefühle zu sprechen, dem Clown ist dieser Schritt aber unmöglich. Er ist ein zutiefst verletzlicher Mann, was ihn natürlich auch schon wieder sehr liebenswert macht. Er legt viel zu viel Wert auf die Meinung anderer Menschen und fürchtet sie gleichzeitig so stark, dass er die Wahrheit nicht über die Lippen bringt. Natürlich kann das im schlimmsten Fall zu Missverständnissen oder sogar Verwerfungen führen; der Clown hat auch immer eine kleine Gruppe in seinem Bekanntenkreis, die ihn verachtet oder einfach nicht leiden kann. Manchmal wird der Clown auch sarkastisch. Dann spottet er über das neue Kleid einer korpulenten Freundin und über die Terroranschläge in Paris. Dass der Clown damit öfters aneckt, wertet er als Zeichen seiner Intelligenz (und des Nichtverständnisses der anderen).

»Was man ernst meint, sagt man am besten im Spaß«, hat schon Wilhelm Busch behauptet (als wäre die Kommunikation zwischen Männern und Frauen nicht schon kompliziert genug). Der Clown hat sich das zunutze gemacht und sagt grundsätzlich das Gegenteil dessen, was er eigentlich meint. Sobald du das verstanden hast, kannst du den Clown allerdings ziemlich gut dechiffrieren. Aber das macht es trotzdem nicht leichter für dich. Schließlich reagiert der Clown auch dauerironisch, wenn du ihm von *deinen* Sorgen erzählst. Wen das nicht wütend macht, der ist wahrscheinlich aus Stein. Und schließlich will keine Frau ein »Nein« hören auf die Frage »Liebst du mich?«. Mit dem Clown kann man viel Spaß haben, aber keine Sekunde ernst sein. Keine gute Grundlage für eine echte Beziehung.

Das mag er: Gags auf Beerdigungen

Das mag er nicht: Therapiesitzung

Sein Vorbild: Ricky Gervais

Style-Accessoire: Monty-Python-DVD-Box

So gibst du ihm den Laufpass: »Meinst du das im Ernst?!«

Nr. 20
Der Hobbyist

*E*r liebt Weißweine aus der Wachau. Er schraubt gern an Oldtimern. Unter Umständen sammelt er seltene Turnschuhe oder alte Videospiele. Vielleicht hat er auch Handicap 8,4. Im schlimmsten Fall: alles zusammen. Der Hobbyist ist ein Mann, der sehr viel Leidenschaft in seine Freizeit steckt, genauer gesagt hegt der Hobbyist eine bestimmte Beschäftigung und kann für diese ein umfangreiches Spartenwissen vorweisen. Zum Beispiel: Trinkt er einen Schluck Weißwein, erkennt er sofort die Rebsorte, den Jahrgang, den Winzer und weiß sogar den Geburtstag von dessen Schwiegermutter. Im Internet sucht der Hobbyist stundenlang nach Ersatzteilen für seinen BMW M1 oder nach einem roten Nike-Air mit blauer Sohle von 2014. Der Hobbyist spielt dreimal im Monat das Afterwork-Turnier seines Golfclubs mit und guckt danach hektisch im Liveticker, ob er sein Handicap verbessern konnte.

Sein Fanatismus und sein Streben nach Perfektion in dieser einen bestimmten Sache (Sport/Kulinarik/Autos/Mode) faszinieren dich. Du denkst: Wenn einer dermaßen exzessiv für eine bestimmte Sache schwärmt, dann muss er ja ein leidenschaftlicher Mensch sein. Du bewunderst seine Liebe fürs Detail und nimmst automatisch an, dass der Hobbyist auch für die Liebe selbst besonders viel Engagement aufbringen wird. Nach dem Motto: Wenn einer aus voller Brust und mit Tränen in den Augen die Hymne seines Fußballvereins mitsingt, dann kann er zumindest kein grundsätzliches Problem mit Emotionalität und Nähe haben.

Wie ein kleiner Junge, der dir seine Matchbox-Sammlung zeigt, rührt dich der Hobbyist mit seiner kindlichen Bewunderung für einen bestimmten Sachgegenstand oder ein Hobby. Du findest das süß. Vor allem dann, wenn der Hobbyist dich integriert: Seid ihr frisch verliebt, präsentiert dir der Hobbyist voller Stolz seine Errungenschaften, er führt dich zu Weinverkostungen aus oder nimmt dich mit auf den Golfplatz. Weil natürlich jede Partnerschaft von gemeinsamen Hobbys profitiert, findest du das erst einmal ziemlich gut. Es dauert ein paar Wochen, bis du merkst, dass der Hobbyist dich vor allem als Zuschauerin/Fan ansieht. Aber auch das ist in Ordnung, weil Frauen natürlich wissen: Ein Mann, der dir imponieren will, steht auf dich. Erst mit den Jahren wird die Sache mühsam, weil der Ehrgeiz des Hobbyisten parallel zu seinem Alter steigt und sich bei Männern ab 35 das Nerdtum in Kauzigkeit verwandelt. Je älter der Hobbyist wird, desto mehr kommt er dir vor wie einer dieser Rentner, die den Asphalt vor ihrem Hauseingang mit dem Staubsauger reinigen.

Außerdem ist der Hobbyist beruflich meistens weniger

erfolgreich, weil er schlichtweg keine Zeit hat, um an seiner Karriere zu feilen.

Der Hobbyist ist im Grunde wie eine dieser seltenen Tier- oder Pflanzenarten, die nur einmal im Jahr blühen oder aus ihrer Höhle kriechen, um in den buntesten Farben zu strahlen. Die restlichen 364 Tage bleiben sie im Schatten verborgen und sammeln ihre Kräfte. Auch der Hobbyist sammelt seine Kräfte, er teilt sich sein Engagement strategisch ein: Unter der Woche redet er vielleicht keine drei Sätze, um sich am Samstag im Stadion die Seele aus dem Leib zu brüllen. Solange noch genügend Grauburgunder-Flaschen im Weinschrank stehen, ist es ihm egal, ob noch Kaffeepulver da ist. Er blickt lieber auf seine mühsam auf eBay ersteigerten Turnschuhe als auf dein Outfit, und wenn er endlich das Videospiel aus Korea zugeschickt bekommen hat, beantwortet er drei Wochen lang keine Mails. Irgendwann (sorry für das Wortspiel) schraubt der Hobbyist vielleicht sogar lieber an seinem alten Cabrio als an dir. Du hast dann eigentlich nur drei Möglichkeiten: Entweder suchst du dir ein ähnlich zeitaufwendiges Hobby, einen neuen Mann – oder du erinnerst dich daran, was du einmal an deinem Hobbyisten gut fandest.

Es gibt schließlich genügend Menschen auf der Welt, die sich für überhaupt nichts in ihrem Leben interessieren; Männer und Frauen, die vor sich hin vegetieren und das Sofa nur noch verlassen, um zum Kühlschrank zu wandern. Der Hobbyist gehört eindeutig nicht dazu. Weil er außerdem nur selten sein ganzes Leben lang an einem einzigen Hobby festhält, wird es mit ihm auch nicht unbedingt langweilig. Was früher die Panini-Sticker waren, sind heute die Kochbücher und morgen die Banjos. Der Hobbyist hat erkannt, dass er sich nur in seiner Freizeit selbst verwirklichen kann. Das macht ihn zum genauen Gegenteil des **#Workaholic.** Du kannst durch sein Spartenwissen auch profitieren, weil du durch seine ständigen Vorträge irgendwann selbst zur Fachfrau für Weißburgunder/Oldtimer/Videospiele wirst. Spätestens wenn du bei einem nerdigen Party-Smalltalk oder im Studio bei Günther Jauch glänzen willst: Denk an den Hobbyisten.

Das mag er: Fan-Foren im Internet, Special-Interest-Magazine

Das mag er nicht: Überstunden, Sommerpause

Dort triffst du ihn: Convention-Center

Lieblings-Anmachspruch: »Darf ich dir das mal zeigen?«

Das sagt er, wenn du ihm den Laufpass gibst: »Wir hatten null gemeinsame Interessen.«

Nr. 21
Das Kuschelmonster

*E*r will ständig schmusen. Er läuft händchenhaltend mit dir durch die Stadt, im Restaurant krault er selbstvergessen deinen Unterarm. Er lehnt den Kopf an deine Schulter, wenn ihr gemeinsam auf dem Sofa sitzt, und streichelt deine Wange, wenn du im Supermarkt an der Kasse stehst. Klingt süß, nervt aber nach kürzester Zeit gewaltig.

Das Kuschelmonster ist wie ein alter Kater, der hochgradig liebesbedürftig ist. Außerdem ist er süchtig nach Aufmerksamkeit.

Sex macht dem Kuschelmonster irgendwie Angst. Vielleicht, weil das Kuschelmonster denkt, es sei schlecht im Bett. Oder weil es mal gelesen hat, dass Frauen ein langes Vorspiel wichtiger finden als den Beischlaf an sich. Wenn du das Kuschelmonster kennenlernst, findest du seine körperlichen Avancen ja erst einmal ziemlich rührend, aber bald schon nervt dich seine bremsende Art. »Mach mal langsam, Baby«, »Wir haben doch sooo viel Zeit«, sagt es, wenn du seiner Meinung nach zu schnell rangehst. Denn seine wahre Passion heißt Petting. Wahrscheinlich schlaft ihr das erste Mal nach sechs Monaten miteinander, aber nur, weil du das Kuschelmonster quasi dazu zwingst. Verführung stellst du dir anders vor. Zu Recht.

Das Kuschelmonster ist zwar ein Romantiker, leider verwechselt es Langsamkeit mit Leidenschaft.

Zum Geburtstag schenkt es dir grundsätzlich einen Gutschein für irgendein Wellness-Hotel samt Partner-Treatment. Während ihr dann nebeneinander im Bademantel auf dem Daybed liegt, greift das Kuschelmonster zu dir rüber. Auch abends beim Fünf-Gänge-Menü hält er mit der rechten Hand die Gabel und mit der linken deine Hand. Das Kuschelmonster sucht ständig Augenkontakt mit dir. Irgendwann kannst du gar nicht mehr anders, als wegzusehen.

So harmlos das alles klingt, das Kuschelmonster hat durchaus boshafte Züge: Beachtest du das Kuschelmonster ein paar Minuten lang nicht oder ziehst reflexartig deinen Arm zurück, weil du bereits eine wunde Stelle von seiner Kraulerei hast, wird das Kuschelmonster zickig. Dann bestraft es dich mit Liebesentzug. Das macht dem Kuschelmonster allerdings viel mehr aus als dir. Deshalb kapituliert es meistens schon nach kurzer Zeit. Trotzdem diskutiert es mit dir euren Beziehungsstatus. »Ich habe das Gefühl, du liebst mich gar nicht …«, sagt das Kuschelmonster und schmollt. Du musst es dann streicheln und vom Gegenteil überzeugen, obwohl du innerlich brodelst.

Das Kuschelmonster manipuliert dich emotional. Für das Kuschelmonster ist die Schmuserei eine Währung eurer Liebe, die es sehr bewusst für oder gegen dich einsetzt.

Das ist kindisch und lächerlich. Außerdem funktioniert das nicht, denn dir geht die Kuschelei ja bald schon gehörig auf die Nerven, der Typ schadet sich also grundsätzlich selbst. Reden kann man mit ihm sowieso nicht, weil er sich, wenn es ernst wird, auf dem Teppich in Embryonalstellung zusammenrollt und seine Arme nach dir ausstreckt. Weil du aber einen Mann und kein Baby als Partner haben möchtest, musst du das Kuschelmonster bald schon deutlich in seine Schranken weisen. Leider wird das nicht viel helfen. Der Mann kann nicht anders.

Das mag er: Doppelbett

Das mag er nicht: Einzelzimmer

So gibst du ihm den Laufpass: Du entwickelst eine Kontaktallergie.

Style-Accessoire: Diddl-Maus

Das wirst du niemals von ihm hören: Do not touch.

Nr. 22
Der Tinder-Schänder

Er ist ein Triebtäter durch und durch. Er wischt auf Tinder jede Frau in die positive Richtung. Ohne Ausnahme. Danach wartet er entspannt ab, welche Frau ihn ebenfalls bestätigt.

Seine Taktik: Der Tinder-Schänder will durch eine möglichst breite Streuung die maximale Ernte einfahren. Dadurch sabotiert er zwar das System der Plattform, er nutzt es zu seinem Vorteil und verfolgt ein klares Ziel: Sex mit möglichst vielen Frauen in möglichst kurzer Zeit, so unverbindlich wie möglich. Dabei handelt der Tinder-Schänder komplett unmoralisch, denn er will auf gar keinen Fall eine Beziehung, tut aber alles, um Frauen ins Bett zu bekommen. Zur Not gauckelt er dir also vor, dass er sich verliebt hat oder die große Liebe sucht.

Wenn du auf Tinder unterwegs bist und diesen Typ Mann matchst, dann erkennst du ihn daran, dass er sehr effektiv agiert. Er fragt sehr schnell nach deiner Telefonnummer und eventuell auch nach weiteren Fotos von dir. Das sollte dich schon mal stutzig machen. Er schreibt dir »Was suchst du hier?« und hofft, du teilst seine Leidenschaft für One-Night-Stands. Wenn nicht, ist das für ihn allerdings auch kein Hinderungsgrund. Selbst wenn eine Frau in ihrem Profil explizit »No ONS« angegeben hat (keine One-Night-Stands), hält das den Tinder-Schänder nicht ab. Er weiß dann allerdings, dass es unter Umständen komplizierter für ihn wird, bei der Frau zu landen. Versuchen wird er es trotzdem.

Der Tinder-Schänder will sich schnell mit dir treffen, aber nicht in einer Bar oder in einem Café, sondern am liebsten im Freien, irgendwo in einem Park, der »zufällig« nur achtzig Meter von seiner Wohnung entfernt liegt. Vorher checkt der Tinder-Schänder den Regenradar und spekuliert auf ein nahendes Gewitter, damit ihr schnell in seine Wohnung übersiedeln könnt. Als Frau denkt man zu diesem Zeitpunkt vielleicht noch fälschlicherweise, dass es interessant und verbindlich ist, so schnell in die Wohnung eines Mannes eingeladen zu werden. Aber der Tinder-Schänder ist Pragmatiker: Auf seiner Anrichte steht bereits eine Flasche Rotwein parat, samt zwei Gläsern, außerdem spielt die Anlage auf Knopfdruck »Smooth Operator« in Dauerschleife.

Wenn dem Tinder-Schänder der Abend mit dir gefällt, landest du in seinem Portfolio. Dann morst er dich an, wann immer er Bedarf hat. Allerdings schielt er bereits während eures Dates auf sein Handy, um zu checken, ob schon was Neues für ihn reingekommen ist. Wie ein arbeitskranker Börsenmakler kontrolliert er seinen Marktwert. Er plant außerdem die ganze Woche um seine Tinder-Dates herum, und während du noch in seinem Bett liegst, wartet wahrscheinlich die nächste Frau schon im Treppenflur. Unter

Umständen sagt er dir daher auch mal fünf Minuten vor eurem Date ab, weil sich eine vermeintlich heißere Option für ihn aufgetan hat.

Früher war der Tinder-Schänder viel auf Facebook unterwegs, aber das wurde ihm irgendwann zu anstrengend, weil seine Messages oft im falschen Ordner gelandet sind und er keine Antwort bekommen hat. Die Erfindung von Tinder war für ihn eine Art Offenbarung. Natürlich kennt er alle Spielregeln des Portals auswendig und weiß, welche Profilfotos er dort hochladen muss, um möglichst viele Frauen anzusprechen (zumindest glaubt er das). Also zeigt er sich beim Sport, mit Hund, mit Patenkind und einem Glas Champagner in der Hand. Seine offensive Taktik funktioniert allerdings nur deshalb so gut, weil der Mann objektiv schön aussieht.

Gefällt ihm der Abend mit dir übrigens nicht – oder du kommst erst gar nicht mit zu ihm in die Wohnung –, dann mutiert der Tinder-Schänder unmittelbar zum **#Ghost:** Du hörst nie wieder von ihm.

Das mag er: Pseudonym

Das mag er nicht: Realname

Style-Accessoire: Tinder Plus

So gibst du ihm den Laufpass: Du verlierst dein Handy.

Lieblingsdrink: K.-o.-Tropfen

Nr. 23
Der hohle Beau

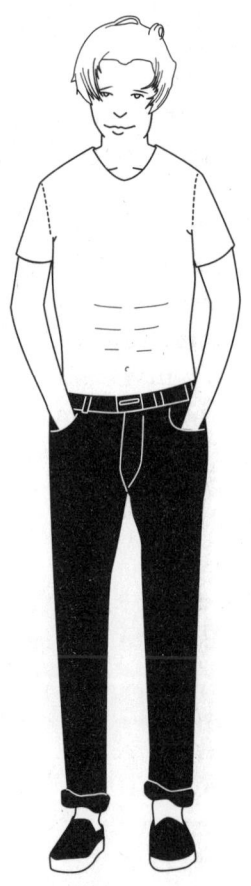

*W*enn du diesen Mann das erste Mal siehst, fällst du unter Umständen innerlich fast in Ohnmacht: Er ist so schön wie Leonardo DiCaprio vor 20 Jahren. Du könntest den Beau stundenlang ansehen, jede Kante seines Gesichts studieren, jedes Grübchen und jede Falte, denn alles an ihm ist ein einziges Statement: Ich bin der schönste Mann der Welt (oder mindestens deines Landkreises).

Sehr wahrscheinlich arbeitet er als Verkäufer bei Abercrombie & Fitch oder American Apparel. Hauptsache, er wird gesehen. Nebenbei modelt er – und sei es nur für die Webseite seiner Freunde. Vielleicht jobbt er auch als Schauspieler – und sei es nur für das Bewerbungsvideo von zwei befreundeten Filmstudenten.

Die Schönheit des Beau ist bizarr, er erfüllt jedes Schönheitsideal der westlichen Welt: Waschbrettbauch, blonde Strähnen, scharfe Kinnkante, große Augen, strahlende Zähne wie aus der Blendamed-Werbung.

Leider ist der Mann nicht gerade die hellste Kerze auf der Torte. Aber das kann man ihm nicht mal verübeln. Er wurde sein Leben lang bevorzugt, sein Aussehen hat ihm so viele Vorteile verschafft, dass er sich noch nie richtig anstrengen musste. Im Kindergarten hat ihm die Gruppenleiterin ständig ungefragt Küsschen auf die Wange gedrückt, und in der Schule war so ziemlich jede weibliche Lehrerin komplett verzückt von ihm. Völlig egal, ob er seine Hausaufgaben verschlampt oder eine Fünf in Mathe zurückbekommen hat.

Es gibt Statistiken darüber, dass schöne Menschen grundsätzlich im Leben bevorzugt werden: In der Schule, in der Uni, im Büro, ja selbst an der Supermarktkasse wird ein objektiv schöner Mensch eher vorgelassen als ein unattraktiver. Die Folgen sind simpel: Der Unattraktive muss sich noch mehr anstrengen, er muss kämpfen, um seine inneren Werte zu zeigen und sich vielleicht durch einen besonders guten Charakter hervorzutun. Der Attraktive aber nimmt alle Vorteile als selbstverständlich hin, dadurch wird er faul und verwöhnt.

Der hohle Beau ist vielleicht trotzdem ein liebenswerter Typ, der sich seiner Schönheit gar nicht richtig bewusst ist und deshalb beinahe schüchtern agiert. Das hat den gleichen Effekt wie ein Baby-Bärchen, das tapsig seine ersten Gehversuche macht und keine Ahnung hat, wie süß es dabei aussieht. Den hohlen Beau macht das erst recht unwiderstehlich. Es kann im schlechteren Fall aber auch sein, dass der Beau sich tagein, tagaus mit nichts anderem als seinem Aussehen beschäftigt und dadurch eine Arroganz gegenüber allen Menschen entwickelt hat, die ihm optisch unterlegen sind. Du gehörst leider auch dazu.

Du machst dir erst mal keine Hoffnungen, dass es zwischen dir und dem Beau funktionieren könnte. Du sprichst ihm automatisch ein Topmodel als potenzielle Freundin zu oder mindestens eine Frau, die aussieht, als hätte sie noch nie in ihrem Leben über eine Diät nachdenken müssen. Das macht dich unsicher und lässt dich vielleicht schneller aufgeben als bei anderen Männern. Dabei vergisst du, dass der Beau gar nicht so scharf auf optische Konkurrenz ist, schließlich sticht er noch mehr hervor, wenn seine Partnerin nicht ganz so hübsch ist wie er.

Leider führt eine Beziehung zum hohlen Beau zu großem Eifersuchtspotenzial; schließlich musst du nicht nur ihm vertrauen, sondern auch allen anderen Frauen. Keine, die ihn sieht, kann ihm nämlich widerstehen. Hat der hohle Beau das einmal kapiert, wird er möglicherweise zum größten Player der Stadt. Du kannst nur hoffen, dass er mit jedem Lebensjahr an Attraktivität verliert (ähnlich wie Leonardo DiCaprio) und für jede Falte im Gesicht einen IQ-Punkt mehr erlangt.

Der hohle Beau hat übrigens ein besonderes Problem: Weil er sich beim anderen Geschlecht nie, aber auch wirklich noch nie anstrengen musste, ist er extrem schlecht im Bett, also das komplette Gegenteil vom **#Sexhobbit.**

Das mag er: Spiegel

Das mag er nicht: Bad-Hair-Day

Sein Vorbild: Zoolander

Lieblingsfilm: »Der Schöne und das Biest«

Natürlicher Feind: das Alter

Nr. 24
Der Normalo

Er ist der Max Mustermann unter den Männern. Absoluter Durchschnitt, maximal unauffällig. Er trägt normale Turnschuhe, normale Jeans und ein No-Name-Poloshirt. Alles, was irgendwie in Mode ist, ist dem Normalo suspekt. Er versteht nicht, dass man sich als Mann mit gewissen Accessoires (Autos, Klamotten) und Verhaltensweisen (Tür aufhalten, mit Spartenwissen glänzen) möglicherweise bei Frauen noch interessanter machen kann.

Seine Haare sind kurz und gescheitelt. Der Normalo isst gern Spaghetti Bolognese oder Pizza Salami, alles, was mehr als drei Zutaten hat oder nicht schon von seiner Mutter serviert wurde, lehnt der Normalo ab. Er ist mit 18 von zu Hause ausgezogen und er wohnt jetzt überall, bloß nicht in Berlin, weil das natürlich viel zu cool wäre. Der Normalo schreibt SMS von einem Android-Handy von Samsung (Apple-Produkte boykottiert er aus Prinzip). Seine Freizeit gestaltet er nach dem Mainstream-Prinzip: Wenn er eine DVD sehen will, dann einen Blockbuster (»Independence Day 2«), und wenn er ein Buch liest, dann ist es eines von Tommy Jaud. Er hört am liebsten Radio (Bayern 3) und ist Fan des FC Bayern.

Der Normalo interessiert sich für nichts, was irgendwie angesagt oder cool ist. Sein Humor bewegt sich irgendwo zwischen Loriot und Dieter Hallervorden. Er versteht nicht einmal den Unterschied zwischen nerdig und hip, welche Bars gerade angesagt sind und über welche Witze man lacht: Das sind für ihn bloß Regeln, die er selbst nicht gemacht hat. Warum also sollten sie ihn interessieren?

Das Datingverhalten des Normalo ist ebenso unspektakulär wie der Typ selbst: Der Normalo sitzt wahrscheinlich in irgendeiner Bar und lädt die Frau, die er dort sieht, auf ein Bier ein. Vielleicht wird er auch verkuppelt, oder er nutzt Onlinedating. Er verabredet sich entweder ins Kino oder zum Abendessen: Hauptsache, klassisch.

Alles, was der Mann während des Dates sagt, ist ehrlich und dient nicht gerade dem Zweck, den Normalo besser darzustellen. Er macht sich keine Gedanken darüber, wie er sich besonders gut bei einer Frau verkaufen kann. Er ist einfach, wie er ist. Seine Außenwirkung kümmert ihn wenig, der Normalo denkt: Entweder sie nimmt mich so, wie ich bin, oder sie lässt es halt.

Ironie ist ihm komplett fremd. Möglicherweise versteht er daher auch nicht, wenn du Witze machst. Das alles mag sich unsexy anhören, aber der Normalo hat einen enormen Vorteil gegenüber allen anderen Männern: Wenn er sich für dich interessiert, dann sagt er das auch. Der Normalo spielt keine Spielchen. Bei ihm gibt es kein SMS-Pingpong, das derjenige verliert, der einen Ball zu viel über die Linie wirft. Bei ihm gibt es auch keine Datingregeln im Sinne von: Spätestens beim dritten Treffen sollte man sich küssen und hinterher drei Tage über dem Handy brüten. Er lässt dich nicht zappeln und er wittert nicht überall einen doppelten Boden.

Das ist angenehm, entspannt – und leider auch etwas langweilig. Aber der Normalo ist unverkünstelt, das macht ihn sympathisch. Er ist alles andere als ein Blender, leider auch kein Realist. Ihm fehlt der Blick von außen auf sich selbst.

Der Normalo mag gern einmal pro Woche Sex, in der Missionarsstellung. Für Spontaneität und alles, was nicht in der Statistik des Durchschnittsdeutschen auftaucht, ist er nicht zu haben. Sein Leben muss praktisch sein und funktionieren. Solltest du also auch nur den kleinsten Hang zum Exzess oder gar zur Exzentrik verspüren, passen der Normalo und du auf Dauer nicht zusammen.

Das mag er: Systemgastronomie

Das mag er nicht: Haute Cuisine

Style-Accessoire: Bauchtasche

Sexpartner pro Jahr: 1

Große Liebe: Lieschen Müller

Nr. 25
Der Workaholic

*E*r arbeitet permanent, also auch am Wochenende. Er checkt ständig seine Mails, auch außerhalb der Arbeitszeiten. Er denkt, Lunch ist eine Erfindung für Loser, und Rente ist für ihn gleichbedeutend mit Wachkoma. Morgens um sechs Uhr sitzt er bereits hinter seinem Bildschirm, abends schmeißt ihn irgendwann der Putztrupp aus der Firma.

An privaten Dingen freut sich der Workaholic überhaupt nicht, dafür ist er ständig mit dem Kopf im Büro. Sein Diensthandy hat er grundsätzlich am Körper, es klingelt quasi ununterbrochen, weil der Workaholic alle Funktionen auf 24-Stunden-Benachrichtigung eingestellt hat – auch die Push-Nachrichten der *Bild-Zeitung*.

Der Workaholic telefoniert den ganzen Tag, dabei klingen die Gesprächsfetzen, die Außenstehende mithören, völlig banal. Sie sind es übrigens auch. Der Workaholic ist nämlich nicht besonders effektiv, er tut nur so.

Sein Büro hat mindestens ein ausziehbares Sofa, in seinem Rollcontainer liegt eine Zahnbürste, und hinter seiner Bürotür hängen zwei frisch gestärkte Hemden aus der Reinigung.

Sofern es der Workaholic mal vom Büro nach Hause schafft, benötigt er Entspannungshilfen wie Alkohol oder Schlaftabletten, um wenigstens mal für ein paar Stunden runterzukommen, aber selbst im Suff redet er von nichts anderem als seiner Arbeit. Er schreibt dir grundsätzlich nur Nachrichten, in denen die kryptischen Kürzel »TBD« oder »FYI« vorkommen.

Verabredungen sagt der Workaholic grundsätzlich ab – fünf Minuten vor der vereinbarten Zeit. Eine Beziehung mit einem Workaholic fühlt sich daher auch ein bisschen so an, wie Single zu sein: Du gehst allein auf Geburtstage, Partys, Hochzeiten, und du kümmerst dich grundsätzlich allein um den Haushalt und alle anderen Privatangelegenheiten.

Wenn der Workaholic sich doch mal – selten genug – auf eine private Feier verirrt, redet er auch dort nonstop über seine Arbeit. Und zwar so, dass keiner seiner Zuhörer ihm noch folgen kann.

Absurderweise ist der Workaholic niemals Gehirnchirurg, Kriminalhauptkommissar oder hat einen anderen sinnvollen Beruf. Der Workaholic ist meistens Investmentbanker, Unternehmensberater oder Filmproduzent; jedenfalls übt er einen Job aus, der ausschließlich einer kleinen Menge Menschen viel Geld und etwas Ruhm einbringt. Vor allem natürlich ihm selbst.

Der Workaholic weiß übrigens nicht, dass er ein Workaholic ist. Er bezeichnet sich lieber als erfolgreich oder effizient. Dass sein Privatleben quasi von anderen Menschen geführt wird, nimmt er als gegeben hin. Natürlich geht eine Beziehung zum Workaholic daher sehr schnell kaputt, außer du bist selbst eine Frau, die ihre Erfüllung nicht gerade im Privatleben sucht.

Dabei muss man den Workaholic etwas näher betrachten: Er ist ein klassischer Aufsteiger, für den die Grenze zwischen Wahnsinn und Ehrgeiz irgendwann verschwommen ist. Wahrscheinlich musste er als Kind so viele finanzielle und emotionale Entbehrungen in Kauf nehmen, dass er seine Bestätigung/Liebe nun auf einem anderen Feld sucht. Die persönliche Weihnachtskarte des Vorstandsvorsitzenden seines Unternehmens ist für ihn daher so viel wert wie ein Liebesbrief einer Angebeteten. Weil jeder Mensch aber in seinem Dasein nur eine begrenzte Aufmerksamkeitsspanne hat, kann sich der Workaholic nur auf eine Sache zu hundert Prozent konzentrieren: Und das bist nicht du.

Das mag er: Überstunden

Das mag er nicht: Urlaub

Style-Accessoire: Burn-out

Sein Alptraum: Kündigung

Sein Vorbild: Gordon Gekko

Nr. 26
Der Ödipus

*S*eine Jungfräulichkeit hat der Ödipus in der zehnten Klasse an seine Kunstlehrerin verloren – auf der Klassenfahrt nach Rom. Während seine Mitschüler in der katholischen Jugendherberge Mischgetränke aus Plastikbechern getrunken haben, hat sich der Ödipus klammheimlich ins Zimmer von Frau Linser-Weber gestohlen. Was er da getan hat, das wissen nur er und Renate.

Hinterher hat der Ödipus kein Sterbenswörtchen über die Liebesnacht mit der 46-Jährigen verloren. Zum einen, weil Renate Linser-Weber nicht unbedingt das war, was 17-Jährige als »heiß« bezeichnen. Zum anderen, weil der Ödipus sich im Strafenkatalog »Verführung Minderjähriger« ziemlich gut auskennt.

Der Ödipus verabscheut Gleichaltrige, männlich wie weiblich, weil er ihnen Leichtigkeit und Naivität unterstellt – beide Eigenschaften hält der Ödipus für einen charakterlichen Makel. Der Ödipus ist eher von der schwermütigen Seite, damit ähnelt er dem **#Depri-Dulli**. Ständig macht er sich Gedanken über den Sinn des Lebens und sucht ihn im Schoß einer reifen Dame. Durch die Beziehung mit einer älteren Frau erlebt der Ödipus Überlegenheitsgefühle. Er ist stolz darauf, eine erfolgreiche und offensichtlich erwachsene Frau zu daten – so kommt er sich selbst sehr erwachsen vor.

Ziemlich sicher hat der Ödipus mit allen Freundinnen seiner Mutter geschlafen und dabei ignoriert, dass deren Töchter in ihn verliebt waren. Es ist nicht so, dass der Ödipus bei Gleichaltrigen keinen Schlag hätte, im Gegenteil. Sein ehrliches Desinteresse an jungen Frauen macht ihn für die erst recht reizvoll.

Es wäre einfach, zu behaupten, dass der Ödipus einen Mutterkomplex hat. Vielmehr hat er eine bizarre Selbstwahrnehmung. Er fühlt sich nämlich viel älter, als er in Wahrheit ist.

Im Bett kennt sich der Ödipus ziemlich gut aus, die weibliche Sexualität ist kein Mysterium für ihn, weil die älteren Frauen ihm natürlich viel beigebracht haben. Er ist eine Art Forscher, der den weiblichen Körper als Erkundungsgebiet betrachtet. Das macht ihn beim Sex zu einem devoten Dienstleister, denn der Ödipus ist wissbegierig und ehrgeizig zugleich.

Als er jünger war, wollte der Ödipus Schriftsteller werden. Partys hat er grundsätzlich nur besucht, wenn die Mutter seines Freundes als Aufpasserin angekündigt war. Der Ödipus ist natürlich auch der Typ, der auf Festen gern freiwillig neben den Erwachsenen sitzt und sich auch später auf Hochzeiten mit den Eltern seiner Freunde unterhält.

Je älter der Ödipus wird, desto mehr gleicht sich das Alter seiner Freundinnen seinem eigenen an. Es ist schließlich nicht so, dass er auch mit 40 noch auf Frauen steht, die 30 Jahre älter sind als er. Irgendwann ist der Ödipus also nicht mehr der Ödipus, sondern einfach nur ein normaler Typ – mit einer zehn Jahre älteren Freundin. Seine Sinnsuche ist dann zu Ende, wenn sein emotionales Alter endlich seinem biologischen entspricht.

Der Ödipus übersteht sein jugendliches Balzverhalten übrigens nicht gänzlich unbeschadet. Er wurde von seinen älteren und dominanten Geliebten über die Jahre hinweg systematisch unterjocht und hat dadurch Komplexe entwickelt. Er kann keine Beziehung auf Augenhöhe führen. Der Ödipus sagt Dinge wie: »Wenn man verliebt ist, spielt das Alter keine Rolle.« Dabei ist der Ödipus auch ein bisschen hinterhältig: So richtig verliebt ist er nie. Er benutzt die ältere Frau, weil sie ihn selbst in ein seriöses Licht stellt. Ein bisschen so wie der Ex-Kanzler Gerhard Schröder, der sich eine Zeitlang gern mit der Theologin Margot Käßmann zeigte – einfach, weil sie ihm vermeintlich eine tiefgründige, ernsthafte Aura verliehen hat. Die Beziehung ist für den Ödipus also eine Art einseitige Symbiose. Auf Partys führt er seine Flamme stolz herum, stellt sie allen seinen Freunden vor und glaubt, dass die anderen Leute denken: »Wow, der Typ muss ja echt was bringen, wenn er eine so gestandene Frau rumkriegt.«

Dass das nicht stimmt, weiß freilich nur die Frau.

Das mag er: Klimakterium, MILFs

Das mag er nicht: Spring Break, Pubertät

Sein Motto: Auf alten Schiffen lernt man gut segeln.

Seine Traumfrau: Mrs. Robinson

Lieblingsbuch: »Der Fänger im Roggen«

Nr. 27

Der Märtyrer

Zwei Frauen stehen an einer Bar. Eine ist hübsch, eine nicht so besonders. Der Märtyrer ist der Mann, der mit der Unattraktiveren anbandelt. Warum er das macht? Er bereitet scheinbar selbstlos den Weg für seinen besten Freund, der bereits im Hintergrund wartet und die schönere der beiden Frauen abschleppen will.

Die wahren Beweggründe des Märtyrers sind in Wahrheit gar nicht selbstlos: Der Märtyrer würde sich nie trauen, die schönste Frau in einer Runde anzusprechen, denn er hat kein besonders großes Selbstbewusstsein. Außerdem denkt er, dass seine Chancen bei einer objektiv unattraktiveren Person deutlich steigen. Je schöner ein Mensch ist, desto öfter wird er angebaggert, denkt der Märtyrer.

Unterscheiden muss man den Märtyrer übrigens vom Scheinmärtyrer. Der Scheinmärtyrer besitzt die Fähigkeit, alle ästhetischen Defizite seines Gegenübers zu ignorieren und den Menschen auf das ihm Wesentliche zu reduzieren: die Geschlechtsteile. Dem Scheinmärtyrer geht es darum, möglichst einfach an Sex zu kommen, und dabei hat er keinerlei Ansprüche an sein Gegenüber (außer eben an das passende Geschlecht). Nach seinem Kalkül hat er bei den weniger Begehrten bessere, vor allem aber schnellere Chancen, an sein Ziel zu gelangen.

Solltest du die Bekanntschaft des Märtyrers machen, dann warst du wahrscheinlich mit einer Freundin unterwegs, die deutlich besser aussieht als du. Du erkennst den Märtyrer daran, dass er ebenfalls mit Begleitung unterwegs ist (seinem Best Buddy) und/oder dass er sehr offensiv und aufdringlich flirtet.

Der Märtyrer hat aus seiner Sicht nicht viel zu verlieren: Lässt die Frau ihn abblitzen, rettet er sich mit der Lüge, dass sie ihm sowieso nicht gefallen hätte. Wenn der Märtyrer zweimal zu oft abgelehnt wurde, wird er frustriert und lästert bei einem neuen, ebenfalls missglückenden Baggerversuch über die andere Frau und ihr Aussehen. Dann allerdings ist der Typ eine richtig arme Wurst, und das macht ihn zum **#Frustmolch.**

Der Märtyrer scheint ein sehr loyaler Mann, weil er die Damenwahl grundsätzlich seinem Freund überlässt, aber in Wahrheit ist er ein oberflächlicher Idiot.

Manchmal tritt übrigens der seltene Fall auf, dass der Märtyrer auf sein weibliches Pendant trifft. Es gibt ja durchaus auch Frauen, die sich ihren Freundinnen zuliebe mit uninteressanten Männern einlassen. Sie agieren dabei aber nie so aufdringlich wie der Märtyrer.

Der Tod des männlichen Märtyrers ist ähnlich schmerzvoll wie der seiner religiösen Namensgeber im Mittelalter: Sobald sein bester Freund verheiratet/weg vom Markt ist, endet auch das Nachtleben des Märtyrers. Dann bleibt ihm nichts anderes mehr übrig, als ohne

Konzept auf die Pirsch zu gehen. Weil er das aber nicht gewohnt ist und auf ganzer Linie versagt, blitzt er grundsätzlich ab.

Das mag er: kuppeln

Das mag er nicht: verkuppelt werden

Style-Accessoire: Anmachspruch

Anzahl Sexpartner pro Jahr: Frag seinen besten Freund.

Lieblingsspruch: »Darf ich dir jemanden vorstellen?«

Nr. 28
Der Sextremist

*E*r ist ein triebhafter Superguru. Wenn man die Stellungen, die er vorschlägt, googelt, bekommt man eine Vorladung vom Sittendezernat – dafür weiß der Sextremist, ob in der Firmentiefgarage demnächst Kameras installiert werden. Er hat am liebsten immer und überall Sex, im Freien, im Auto, auf dem Flugzeugklo. Jede Frau, die er sieht, findet er scharf. Er will mit jeder ins Bett. Treue kennt er nicht, Verführung ist alles für ihn. Dabei steht der Sextremist nicht nur auf harmlose Liebeleien, sondern vor allem auf alles, was hart und extrem ist und dem Durchschnittsmenschen ein bisschen Angst macht.

Der Sextremist geht am Wochenende in Swingerclubs wie andere Leute in den Baumarkt (»Mal sehen, was ich so brauchen kann.«). Er kennt jeden Puff der Stadt von innen und jeden Pornostar beim Echtnamen.

Solltest du den Sextremisten kennenlernen, erwartet dich nicht nur eine Blasenentzündung, sondern auch die Lehrstunde deines Lebens: Der Sextremist bringt dir bei, dass brennende Leidenschaft nichts mit Duftkerzen zu tun hat. Wenn er sich deiner als Meister annimmt, kannst du dich glücklich schätzen – alle deine zukünftigen Geschlechtspartner werden davon profitieren. Verlieben solltest du dich dabei lieber nicht, denn der Sextremist kennt keine Gefühle, nur Regungen.

Natürlich hat der Sextremist eine gute Kondition, außerdem eine Monatspackung Viagra neben seinem Bettkasten. Die Wohnung des Sextremisten ist durch und durch auf sein liebstes Hobby ausgerichtet: Im Kühlschrank steht eine Flasche Champagner (für davor), vielleicht noch ein Kühlpad (für danach); sein Bett ist zwei Meter lang und breit und wird jeden Morgen von seiner Putzfrau frisch bezogen. An der Schlafzimmerdecke hängt ein Spiegel, damit sich der Sextremist ständig selbst beobachten kann, im Kleiderschrank hortet er nicht nur dreißig Sex-Toys, sondern auch eine Anlage für Videoaufnahmen. Der Sextremist pfeift auf jede Form von Romantik, stattdessen erklärt er dir, wie der perfekte Blowjob geht. Es gibt nichts, was der Sextremist nicht kennt. In seinem Wohnzimmerregal steht »Kamasutra, Band 1« neben »365 Sexspiele: Neue Positionen für ein ganzes Jahr«, vielleicht hat er sie sogar selbst geschrieben.

Der Mann ist natürlich auch eine Art Sexposer: Er behauptet, dass er grundsätzlich jede Frau ins Bett kriegen *könnte* – wenn er nur *wollte*. Dass er im Konjunktiv spricht, zeigt bereits: Es stimmt nicht. Es gibt durchaus Frauen, die dem Sextremisten widerstehen können – das macht ihn nur umso mehr an.

Der Sextremist hat auffällige Verletzungen am ganzen Körper: Knutschflecken, Bisswunden, Kratzspuren auf dem Rücken, aufgeschürfte Ellbogen und Knie, Hexenschuss. Dafür weiß er aber auch, wie er sie selbst heilen kann: Vitamin-D-Creme, Kamillewickel, Jod-Salbe und Entspannungsmassage. Der Sextremist mutiert manchmal auch direkt zum sogenannten Bett-Man. Der Bett-Man springt im Übermut direkt auf seine Liebste, bis dass der Lattenrost kracht.

Der Sexstremist kann über das Liebesleben aller normalen Menschen nur lachen. »Fifty Shades of Grey« ist für ihn ein Kinderbuch und »Bondage« eine Art Häkelkreis für Großmütter. Sein einziger Gegner ist das Alter: Wenn sich seine Libido langsam abschwächt, muss er sich einen neuen Lebensinhalt suchen.

Das mag er: Bunga Bunga

Das mag er nicht: Penisbruch

Style-Accessoire: Tempotaschentuch

Sein Vorbild: Casanova

Sexpartner pro Jahr: 730

Nr. 29
Der Facebook-Star

*S*ein Leben findet weitgehend in sozialen Netzwerken statt. Dort postet er Fotos und Statusmeldungen, die allesamt einem Zweck dienen: den Typen cool darzustellen. Besser gesagt: allen anderen zu zeigen, wie perfekt sein Leben doch ist.

Der Facebook-Star befolgt immer die gleichen Regeln:

1. Er zeigt sich nur mit Frauen, die extrem heiß aussehen.

2. Er scheint ständig im Urlaub oder auf Reisen zu sein, jedenfalls sieht man ihn fast nie in seinem Heimatort (und wenn, dann nur in irgendwelchen Ecken, die keiner kennt).

3. Er posiert gern ironisch. Etwa in einem Einkaufswagen oder vor einem hässlichen Hauseingang. Damit will er aber nur seine vielen Posts aus dem Luxus-Wellness-Resort bewerben, die durch eine gewisse Trennschärfe natürlich noch mehr auffallen.

Gern mag der Facebook-Star auch Restaurantkarten mit Rechtschreibfehlern und Obstkisten, auf denen der Inhalt falsch ausgezeichnet wurde. Außerdem alles aus der Rubrik: Tier macht Sachen. Der Facebook-Star ist immer und ausschließlich mit wahnsinnig glücklichen, gutaussehenden Menschen unterwegs, die vormittags am See und nachmittags auf Dachterrassen abhängen, alle haben ständig einen Drink in der Hand, keiner scheint zu arbeiten.

Das Profil des Facebook-Stars sieht so aus: Seine Wall ziert eine graue Hauswand, darauf steht ein Graffiti »Life is good« oder so ähnlich. Der Facebook-Star liebt Hashtags, er ist geradezu süchtig nach ihnen (#lebengenießen #happylife #beachlife #loveit). Dabei ähnelt er dem **#Startupper**. Er postet mindestens fünfmal am Tag irgendetwas, seine Überpräsenz in deiner Chronik ist erstaunlich.

Der Facebook-Star ist auch ein digitaler Verführer: Er lernt Frauen ausschließlich über dieses Medium kennen. Ohne Facebook (und vielleicht noch WhatsApp) würde bei ihm quasi niemals etwas laufen. Denn: So selbstbewusst der Mann im Netz auch wirkt, so wenig ist er im wahren Leben ein Player. Nur digital dreht er auf. Dann schreibt er Frauen an, deren Profile seinem Beuteschema entsprechen. Meistens entspinnt sich daraus eine rege Kommunikation mit vielen Smileys, Fragen und lustigen Bonmots. Wie eine Art digitaler Brieffreund wanzt sich der Facebook-Star an dich heran, und zuerst denkst du: Nice, der Typ hat ein cooles Profil. Aber dann fällt dir natürlich auch sofort auf, dass eure gemeinsamen Facebook-Freunde hauptsächlich Leute sind, die du nicht so richtig kennst und denen du nur folgst, weil du sie leicht irre findest.

Der Facebook-Star verabredet sich irgendwann mit dir, da habt ihr bereits drei Monate lang hin und her gechattet. Er will sich mit dir an einem Ort treffen, den du bereits von seinen Profilbildern kennst und der unbedingt einen eigenen Facebook-Hashtag hat (Kotti, Friedensengel, Hafenkante). Der Facebook-Star kommt pünktlich, aber unspektakulär: Zuerst erkennst du ihn gar nicht, weil er in natura so anders/normal aussieht und kaum etwas mit diesem umwerfenden Facebook-Profil gemein zu haben scheint. Außerdem ist der Typ schüchtern, er hypnotisiert in der Bar seinen Drink und weiß nicht, worüber er mit dir sprechen soll. Nach einer Stunde peinlichen Schweigens dreht der Facebook-Star dann doch irgendwann auf: Er zückt sein Handy und zeigt dir lustige Katzen-Videos oder die Statusmeldung von Jan Böhmermann. Außerdem macht er noch ein Foto von dir.

»Du bist so schön, du brauchst gar keinen Filter«, flüstert der Facebook-Star, und das ist seine ultimative Liebeserklärung. Nach eurem Date fährst du nach Hause, vor dem Einschlafen checkst du kurz mal Instagram – und entdeckst das Foto, das der Mann zwei Stunden zuvor von dir gemacht hat. Darunter die Hashtags #goodgirl #bestdateever #ilovemylife.

Wenn dich das freut, ist dir nicht zu helfen. Allerdings währt die Freude nur kurz, denn der Facebook-Star kann sich nicht zurückhalten: Sobald er mehr als zwanzig Likes für dein Foto generiert hat, schreibt er einen Kommentar darunter (»Ja, war wirklich schön mit ihr«). Spätestens dann hast du registriert, dass der Mann weniger an einer Beziehung mit dir als mit Facebook interessiert ist.

Das mag er: WLAN

Das mag er nicht: Ladevorgang abgebrochen

Style-Accessoire: 1752 Freunde

Sein Vorbild: Alle, die man auf Facebook abonnieren kann.

So gibst du ihm den Laufpass: Du entfreundest ihn auf Facebook.

Nr. 30
Der Naturbursche

*E*gal, wo er sich aufhält, der Naturbursche sieht aus, als würde er später noch den Mount Everest besteigen. Sein Outfit: Alpinrucksack, Trekkinghose mit Belüftungsreißverschlüssen, atmungsaktive Wetterschutzjacke. Weil Mode immer etwas über ihren Träger verrät, macht das Outfit des Naturburschen stutzig. Was will der Mann damit aussagen? Dass er eigentlich nicht in München-Schwabing, sondern in einer kleinen Blockhütte am Waldrand haust?

In seinem Schrank finden sich ausschließlich die Marken Jack Wolfskin, Schöffel und Columbia.

Das gebündelte Nordic-Walking-Gehabe des Naturburschen dient natürlich dazu, Frauen zu imponieren. Der Naturbursche will wirken, als könnte er jederzeit in der freien Wildbahn überleben. Er denkt, Frauen stehen auf verwegene Typen. Er erzählt deshalb gern ausführlich von seinem Roadtrip zu Fuß durch Kanada, als er Bären bezwungen und weiße Bohnen über dem Lagerfeuer gekocht hat. Der Naturbursche denkt, dass seine bloße Existenz Sehnsucht und Fernweh bei den Frauen auslöst. Er sagt Dinge wie: »Wer einmal den Vollmond in Alaska gesehen hat, kann nie wieder in der Stadt wohnen.«

Ihm wurde mit dem Film »Into the Wild« ein Denkmal gesetzt: der klassische Nature-Boy, den nichts zurückhalten kann, höchstens die Naturgewalten. Das gesamte Auftreten des Naturbuschen schreit dir als Frau entgegen: Hier, in dieser Bar/diesem Vorlesungssaal/diesem Supermarkt bin ich echt nur kurz, eigentlich bin ich in der großen weiten Natur zu Hause. Der Naturbursche sieht daher auch immer leicht ungewaschen aus, auch das gehört zu seinem Style. Beruflich ist er wahrscheinlich Sport-Filmer: Der Naturbursche macht Videos von waghalsigen Snowboard-Stunts. In seinem WG-Zimmer hängen alte Skateboards an der Wand, und er trägt auf unironische Art immer ein Taschenmesser bei sich.

Der Naturbursche ist allerdings ähnlich wie seine Funktionswendejacke: Er hat zwei Seiten. Mit seinem Goretex-Style schützt er sich nämlich nicht nur gegen den Regen, sondern gegen die Menschen, die andere Ansichten haben als er. Also: alle.

Der Naturbursche ist sehr moralisch, und das ist mindestens so anstrengend wie eine Mount-Everest-Besteigung. Er predigt dir aus dem Stand heraus, wie verkommen es von dir ist, dein Handy überall mitzunehmen. Wie abartig, dass du im Supermarkt einkaufst, obwohl die Kassiererin dort ausgebeutet wird. Wie wichtig, dass man auch mit bloßen Händen ein Feuer entzünden und seine Nahrung selbst erlegen kann. Mit der Zeit kannst du das alles nicht mehr hören.

Als Partner ist der atmungsaktive Mann nervig. Er verspeist nur Nahrung, die sein Immunsystem stärkt, nippt

an isotonischen Getränken und macht aus jedem Spazier-
gang einen Marathonlauf. Alles ist für ihn eine Art Chal-
lenge. Er bewegt sich grundsätzlich nur zu Fuß durch die
Stadt, in einer U-Bahn hat man ihn noch nie gesehen. Er
verachtet alles, was das Leben und den Alltag erleichtert.
In der Stadt wirkt der Naturbursche komplett fehl am
Platz, eigentlich tut er das an jedem überdachten Ort. Bis
zum ersten Frost zeltet er im Stadtpark oder auf seinem
Balkon. Im Sommer sitzt er den ganzen Tag in seinem
Campingstuhl am See. Er träumt von einem Wohnwagen,
mit dem er durch die Prärie ziehen kann.
Mit dem Naturburschen kann man nur Spaß haben, wenn
man ähnlich tickt wie er. Ein Mann, der ständig auf Sinnsuche ist und sich nichts gönnt, nicht einmal dich.

Das mag er: Lagerfeuer

Das mag er nicht: Autos

Style-Accessoire: Zeckenbiss

Sein Vorbild: Crocodile Dundee

Lieblingsort: Dschungelcamp

Nr. 31
Der Indie-DJ

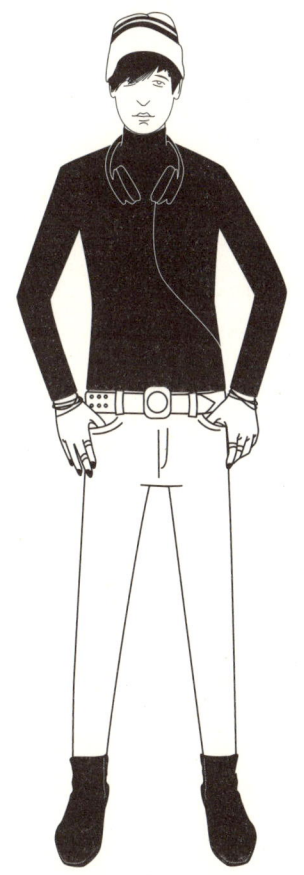

*F*rüher einmal, da war er in den angesagtesten Clubs der Stadt zu Hause. Es gab sicher zwei oder sogar drei legendäre Partys, auf denen er aufgelegt hat. Er war der unangefochtene Star der städtischen Underground-Szene. Im Jahr 1997.

Leider ist das schon etwas her. Von diesem Ruhm zehrt der Indie-DJ trotzdem noch, obwohl sich nur noch diejenigen an seine Glanzzeiten erinnern, die älter als 35 sind. Heute trägt der Indie-DJ seine Vinylplatten nur noch in Bars, mit deren Besitzer er befreundet ist und die den Indie-DJ dort aus Mitleid auflegen lassen. Seit kurzem legt er sogar in Restaurants auf, als Hintergrundmusik, was er natürlich hasst, aber er braucht die Kohle. Außerdem kann sich der Indie-DJ einfach nicht von dieser ganzen Nachtleben-Szene verabschieden, in der er früher eine große Rolle gespielt hat. Das ganze Ding zwischen Gästelistenplätzen und Freigetränken ist eine harte Währung für ihn, die er nicht aufgeben will. Im Grunde ist es sein einziger verbliebener Trumpf: Freunde auf die Gästeliste einer Bar zu setzen, in der er am Mittwochabend ab 22 Uhr auflegt. Der Indie-DJ hat grundsätzlich ein massives Problem mit dem

Türsteher (es stehen immer mehr Leute auf der Liste des Indie-DJs, als der Türsteher reinlassen will).

Natürlich kriegt der Indie-DJ nie eine Frau, er ist viel zu schüchtern, um in einer Bar Leute anzusprechen. Deshalb ist er schließlich DJ geworden, damit er auf Partys etwas zu tun hat. Die Barriere in Form seines Plattentellers ist sowohl psychisch wie physisch.

Der Indie-DJ scannt trotzdem ständig und unauffällig die Tanzfläche nach einem süßen Indie-Girl mit Röhrenjeans und Ringelshirt ab. Aber die Mädchen, die er gut findet, knutschen ab halb zwei alle mit anderen Typen und sind längst auf und davon, wenn das Licht auf der Tanzfläche angeht. Dem Indie-DJ bleibt dann nicht mehr viel übrig: Er packt seine Vinylplatten ein und schlurft traurig nach Hause. Seine Plattensammlung sortiert er nach Farben, und bevor er auflegt, streichelt er zärtlich über die Rillen.

Der Indie-DJ ist im Schnitt 38 Jahre alt und immer noch Single, das nervt ihn extrem. Außerdem kommt er nicht von seiner Ex-Freundin los, und wenn er einen Lovesong auflegt, denkt er dabei immer an eine bestimmte Frau. Das alles macht ihn wahnsinnig traurig, im Grunde ähnelt er dabei dem **#Depri-Dulli**. Allerdings machen ihn ein paar Dinge auch richtig wütend: Der Indie-DJ ist der natürliche Feind des **#Mainstream-DJ,** nichts und niemanden hasst er mehr als diesen Typen. Zum einen verabscheut er dessen Musikgeschmack und die billige Art, Profit daraus zu schlagen. Zum anderen ist er extrem eifersüchtig, dass der andere DJ-Typ so viele Frauen abgreift.

Der Indie-DJ hat übrigens ein nicht ganz unproblemati-sches Verhältnis zu Frauen: Streit hat er zum Beispiel grundsätzlich mit der Kellnerin in der Bar, in der er gerade auflegt. Denn wenn der Indie-DJ auflegt, kann er keine Getränke holen und muss den ganzen Abend darauf spe-kulieren, dass die Kellnerin ihm ungefragt einen Gin Tonic ans Pult stellt (diesen Gnadenakt tut sie allerdings recht selten). Der Indie-DJ hat also immer Durst. Und er ist sich der Tatsache bewusst, dass keine einzige Frau im Raum ihn wahrnimmt. Nicht einmal die Kellnerin.

Gleichzeitig versucht er die Tatsache zu ignorieren, dass in seinen Pausen grundsätzlich mehr Leute auf der Tanz-fläche stehen, als wenn er auflegt. Trotzdem macht der Indie-DJ immer weiter, er kann gar nicht anders, er liebt die Musik und das, was er tut. Er lebt von den Erinnerun-gen an die 90er und kann nur hoffen, dass irgendwann einmal auf der Tanzfläche das Licht angeht und die Frau seiner Träume vor ihm steht.

Das mag er: Joy Division

Das mag er nicht: Robin Schulz

Dort trifft man ihn: Plattenladen

Style-Accessoire: Erstpressung

Sein Vorbild: Nick Hornby

Nr. 32
Der Mainstream-DJ

Er ist ein Performer, der in Großraumdiscos auflegt, in denen der Nebel dichter ist als das Publikum. Er schlägt auf, in sogenannten Nobel-Clubs oder auf dem 19. Geburtstag der Tochter von Vladimir Putin/Bernie Ecclestone/Dieter Zetsche.

Der Mainstream-DJ hat halblange blonde Haare, Tattoos auf den Unterarmen und trägt schwere Eisenketten über seinem Ed-Hardy-T-Shirt, außerdem einen Ring mit Totenkopf aus Swarovski-Steinen. Seine Unterhose hat Beinchen und glänzt. Nennen wir ihn: den David Guetta. Er legt in Clubs auf, in denen 20-jährige Jungs Magnum-Champagnerflaschen rumreichen und alle zehn Sekunden der Nebelscheinwerfer die Tanzfläche überzieht. Dort steht der Mainstream-DJ auf einer kleinen Empore. Seinen rechten Arm reckt er senkrecht in die Höhe, Zeigefinger ausgestreckt, seine linke Hand wischt willkürlich auf dem Plattenteller hin und her, zwischen Wange und Kinn balanciert er einen Kopfhörer, selbstverständlich trägt er eine verspiegelte Sonnenbrille.

Der Mainstream-DJ hat natürlich keine Ahnung von Musik, er legt ausschließlich Elektronik-Dance auf oder

Elektro-Pop oder Electro-House (Hauptsache, Elektro), außerdem alle aktuellen Popsongs, die er mit wenigen platten Beats und einer Art Druckluftfanfare unterlegt. Seine Waffe ist die Technik. Ohne sein technisches Equipment ist der Mainstream-DJ komplett verloren. Säuft aus irgendeinem Grund mal die Anlage ab, sollte wenigstens seine Taste mit der Signalhupe noch funktionieren.

Wenn der Mainstream-DJ seinen Laptop an die Anlage koppelt und seine Playlist abspielt, ist die Tanzfläche grundsätzlich voll. Die Crowd ist dem Mainstream-DJ trotzdem völlig egal. Er macht den Job nur aus zwei Gründen: Kohle und Groupies. Pro Gig verdient er mehr als der #Indie-DJ in den letzten zehn Jahren mit allen seinen Auftritten. Der Mainstream-DJ reißt jede Nacht in jedem Club in jeder Stadt eine andere Frau auf. Von seiner Empore aus scannt er die Tanzfläche nach einem heißen Groupie ab, dem er per Kopfnicken signalisiert, dass es mal zu ihm hochkommen soll. Dort steht das Groupie dann und blickt begeistert auf die vielen bunten Regler und leuchtenden Schalter und hält den Mainstream-DJ für einen Piloten aus der NASA-Kommandozentrale.

Das Jagdgebiet des Mainstream-DJs umfasst zwar nur zweieinhalb Quadratmeter, aber von dort aus hat er alles im Blick. Natürlich hat er einen massiven Hörschaden, aber das juckt ihn nicht, weil er tagsüber sowieso immer schläft. Das Groupie wacht übrigens am nächsten Morgen ausgenüchtert in der Berliner Penthouse-Bude des Mainstream-DJs auf und wird von ihm dezent vor die Tür gesetzt, schließlich muss er noch den letzten Flieger nach Ibiza erwischen.

Vielleicht ist der Mainstream-DJ auch ein **#Ex-Promi** oder wenigstens das Kind eines Ex-Promis, dann darf er auch mal auf der Modenschau von Michael Michalsky oder Harald Glööckler auflegen (oder irgendeinem anderen zweitklassigen Designer). Dass er es im Jetset endgültig geschafft hat, weiß der Mainstream-DJ, wenn er für die Weihnachtsfeier des FC Bayern gebucht wird. Jedenfalls behauptet er gern, dass er dafür längst angefragt wurde.

Natürlich hat der Mainstream-DJ auch ein Drogenproblem, früher hat er gekokst, heute nimmt er mindestens dreimal am Tag Ecstasy. Wenn das Groupie am nächsten Morgen in die glasigen Augen des DJs blickt, weiß es hoffentlich, dass diese Art Beziehung nicht länger halten wird als sein vierminütiger Electro-House-Track.

Das mag er: Berliner Fashion Week

Das mag er nicht: Wecker

Dort trifft man ihn: VIP-Zone

Sein Vorbild: Calvin Harris

Anzahl Sexpartner pro Jahr: 340

Nr. 33
Der Almost Lover

Vielleicht seid ihr alte Kinderfreunde, vielleicht ist er mit deiner Cousine verheiratet, vielleicht sitzt ihr euch im Büro gegenüber. Unbestreitbar gibt es einen romantischen Kitzel zwischen euch. Eure Blicke treffen sich beim Klassentreffen/Familienfest/in der Kantine, und sofort ist da diese mystische Aura, die nur Liebesbeziehungen verströmen, die eigentlich noch keine sind. Wenn du dem Almost Lover in die Augen schaust, dann macht dein Magen einen Schlenker wie in der Achterbahn. Eure Liebe findet ausschließlich im Konjunktiv statt. Was wäre, wenn?

Ihr schäkert im Flur miteinander. Ihr schickt euch Mails, die ihr vor dem Abschicken dreimal Korrektur lest. Ihr setzt euch auf jedem Geburtstag und in jeder Konferenz grundsätzlich nebeneinander. Dort streift das Knie des Almost Lovers wie unabsichtlich deines, oder er atmet so tief aus, dass du den Luftzug aus seiner Nase an deiner Wange spürst.

Kurzer Schlenker: Woran merkst du, dass ein Mann in dich verliebt ist? Ganz einfach: Du stellst dich in eine größere Gruppe und redest. Wenn der Mann trotz fünf verschiedener Gesprächsstränge auf deine Bemerkungen eingeht, hat er ohne Zweifel seinen Fokus auf dich gelegt. Wenn er darüber hinaus auch noch deinen Blick sucht, ist die Sache klar. Beides trifft auf den Almost Lover zu.

Zwischen dir und ihm ist trotz aller Andeutungen noch nie etwas passiert. Kein Kuss, kein Sex, nicht einmal Händchenhalten. Aber natürlich malst du es dir immer wieder aus, wie das wohl wäre. Eure Nicht-Beziehung lebt genau von diesem Faktor.

In ganz sentimentalen Momenten fragst du dich, ob ihr nicht füreinander bestimmt seid. Ob ihr beide nicht eines dieser großen Liebespaare der Weltliteratur sein könntet? Alle echten Beziehungen, die du in deinem Leben führst, vergleichst du mit dem Almost Lover. Das macht ihn zu einer harten Konkurrenz für deine echten Partner, weil die Nicht-Beziehung zum Almost Lover gerade durch ihre Unerreichbarkeit eine gewisse Tragik verströmt. Irgendwie gefällt dir das.

Der Almost Lover ist gerade wegen seiner Unerreichbarkeit ein wichtiger Mann in deinem Leben. Dafür gibt es drei Gründe:

1. Du kannst mit dem Almost Lover flirten, was das Zeug hält. Weil es bei euch niemals um die Frage nach einem echten Date geht (oder gehen sollte), kannst du dich bei diesem Mann austesten. Du kannst deinen Marktwert checken, die Grenzen ausloten und für die echten Dates üben.

2. Der Almost Lover bringt Romantik in dein Leben – und das ohne großes Zutun. Du regst dank ihm nonstop deine Phantasie an. Du stellst dir vor, wie es wäre, wenn

er dich im Aufzug gegen die Wand drücken würde, sein Gesicht ganz nah an deinem, und wie er dir ins Ohr flüstern würde, wie unfassbar heiß er dich findet. Oder du träumst davon, wie er eines Nachts plötzlich vor deiner Tür steht (im Starkregen!) und dir seine Liebe gesteht. Mit diesen Gedanken kannst du nicht nur gut einschlafen, sondern auch jede noch so langweilige Familienfeier/Konferenz/Zugfahrt überstehen.

3. Der Almost Lover bietet dir auch in einsamen Phasen die theoretische Option, dass da jemand für dich da sein könnte. Denn so ganz hundertprozentig weißt du ja nie, ob es nicht doch etwas mit euch werden könnte. In fünf oder fünfzig Jahren. Aber genau das ist der Haken am Almost Lover:

Im Grunde wisst ihr beide, dass ihr kein bisschen zueinanderpassen würdet. Der Almost Lover ist nicht nur zu 90 Prozent fest liiert, sondern auch charakterlich ein gegensätzlicher Mensch. In der Realität würdet ihr euch nach zwei Wochen anöden. Eure Beziehung würde bereits an der Frage scheitern, wer die Spülmaschine ausräumt oder wer neues Klopapier besorgt. Schließlich kann man sich kein einziges großes Paar der Romantik wirklich gut im Alltag vorstellen. Romeo und Julia im Supermarkt oder Leo und Kate auf der Suche nach einem Kita-Platz? No way. Deshalb lasst ihr lieber die Finger voneinander. Das Gute an einem Almost Lover ist nämlich: Wenn man ihn nicht dem Realitätstest unterzieht, kann die Beziehung zu ihm über Jahrzehnte hinweg halten.

Das mag er: Fiktion

Das mag er nicht: Realität

Style-Accessoire: polnischer Abgang

So gibst du ihm den Laufpass: Ihr küsst euch.

Lieblingsfilm: »Die Brücken am Fluss«

Nr. 34
Der Depri-Dulli

Der Depri-Dulli ist grundsätzlich traurig oder schlecht gelaunt. Er lacht nicht. Er ist schluffig, unentschieden, linkisch und vom Leben überfordert.

Zuerst wirkt das auf dich gar nicht so übel, wie es in Wahrheit ist: Männer, die niemals fröhlich sind, wirken tiefgründig und geheimnisvoll. Außerdem hoffst du vielleicht, den Mann aus seiner Melancholie retten zu können.

Der Depri-Dulli hat extreme Bindungspanik und kann seine Störung auch jederzeit fachgerecht ableiten und sich dadurch motivieren: Sein Vokabular klingt dabei, als wäre er selbst Fachmann für Psychoanalyse oder größere Seelenschäden. »Weißt du, ich habe eben nie gelernt, loszulassen«, sagt der Depri-Dulli und erzählt von der starken Beziehung zu seiner Mutter und warum seine Kindheit ihn für alle anderen Frauen versaut hat.

Der Depri-Dulli redet nur von sich selbst. Wie jeder Mensch, der sich den ganzen Tag lang nur mit seinen Befindlichkeiten beschäftigt, ist der Mann auch ein krasser Narzisst. Außerdem ist er ein bisschen esoterisch veranlagt, er glaubt zum Beispiel an Horoskope (vor allem,

wenn sie besonders düster sind). Er hat immer eine mittel-
schwere Sportverletzung oder mindestens einen Band-
scheibenvorfall, an dem er zusätzlich noch zu leiden hat.
Der Depri-Dulli ist schon seit zehn Jahren in Therapie,
und selbst seine Therapeutin sieht keine Chance auf Bes-
serung, dafür verdient sie viel zu gut an ihm. Seine Therapeutin ist gleichzeitig deine größte Widersacherin, wenn
du dich in eine Beziehung mit dem Depri-Dulli begibst:
Sie ist grundsätzlich die Dritte im Bunde. Der Depri-Dulli
beginnt jeden zweiten Satz mit dem Einstieg »Meine Therapeutin hat ja gesagt ...« oder »Auch meine Therapeutin
meint ja, dass ...«. So rechtfertigt der Depri-Dulli jede
noch so absurde Verhaltensweise oder Meinung. Eine Beziehung mit dem Depri-Dulli ist daher quasi unmöglich:
Der Mann kann sich noch nicht mal mit dir fürs Kino
verabreden, weil er krankhaft entscheidungsschwach ist
und ständig prokrastiniert. Anstatt Entscheidungen zu
treffen, seufzt er ganz laut und setzt sich Kopfhörer auf,
um sich von dir und der Außenwelt abzuschotten.
Im Büro blickt der Depri-Dulli den ganzen Tag lang nur
aus dem Fenster, außerdem redet er eine Tonart zu leise
mit allen seinen Mitmenschen. Besonders schlimm ist das
im Restaurant: Dort spricht der Depri-Dulli so leise, dass
der Kellner ihn nicht versteht und zweimal nachfragen
muss. Das wiederum macht den Depri-Dulli aggro, er be-
schwert sich daraufhin ebenso leise beim Restaurantleiter,
denn der Depri-Dulli ist zwar ein unsicherer Mann, aber
er ist so ichbezogen, dass er ständig überall Intrigen gegen
sich wittert.

Absurderweise sucht der Depri-Dulli zielsicher Frauen, die das genaue Gegenteil von ihm sind: fröhlich, selbstlos, aufopferungsvoll, witzig und beliebt. Das kann natürlich nicht klappen.

Denn anstatt sich von einer Frau aus seinem Sorgenloch befreien zu lassen, schleicht der Depri-Dulli lieber weiterhin als Schmerzensmann durchs Leben. Es ist bequemer für diesen Mann, alles schwarzzumalen und dauerhaft unglücklich zu sein. Fröhlichkeit ist manchmal auch verdammt anstrengend.

Das mag er: Simon & Garfunkel

Das mag er nicht: Sonne

Style-Accessoire: Träne im Auge

Anzahl Sexpartner pro Jahr: 2

Anzahl Therapiesitzungen pro Jahr: 20

Nr. 35
Der Sugar-Freddy

*E*r ist erst 30 Jahre alt, aber er sieht schon jetzt aus wie sein Vater und benimmt sich auch wie ein älterer Herr. Er ist höflich und konservativ, trägt Wildlederslipper und Trachtenjanker. Rein optisch könnte er auch für 45 durchgehen. Der Sugar-Freddy kauft seine Kleidung in München bei Ed Meier oder in Hamburg bei einem feinen Herrenausstatter an der Alster, Hauptsache er sieht nach dem Einkauf ein bisschen aus, als würde er dem altenglischen Landadel angehören; seine Cordhosen sind rot, grün oder lila und seine Barbour-Jacke ist abgewetzt, außerdem trägt der Sugar-Freddy eine Gelfrisur, und er ist immer glatt rasiert.

Der Sugar-Freddy kennt keine Musikcharts und keine aktuellen Kinofilme. Dafür kann er Portwein verkosten und acht verschiedene Krawattenknoten binden. Am Wochenende geht er nicht in Clubs, sondern auf Treibjagd in den Schwarzwald. Dort trifft er ausschließlich andere Sugar-Freddys, die sich alle noch aus ihrer Schulzeit kennen. Der Sugar-Freddy ist ziemlich trinkfest, das hat er im Internat gelernt und später in der Studentenverbindung.

Zu seinem Vater hat er ein enges Verhältnis, er bewundert

ihn und versucht ihm nachzueifern – nicht nur optisch. Leider hat er beruflich oft weniger Erfolg als sein Herr Papa, der seinen mittelständischen Betrieb in Wirtschaftswunderzeiten gegründet hat. Der Sugar-Freddy wäre gern ein ebenso souveräner Geschäftsmann, leider steht er ständig unter dem Druck, noch mehr erreichen zu müssen als seine Vorfahren.

Sollte der Sugar-Freddy also irgendwann einmal das Familienunternehmen übernehmen, fährt er es unter Umständen schnell gegen die Wand. Er will einfach zu viel in zu kurzer Zeit. Mit seiner Erbschaft beteiligt er sich hinterher an einem Start-up, das Duschköpfe nach Indien exportiert, aber auch damit hat er keinen Erfolg. Zum Glück hat der Sugar-Freddy finanziell ausgesorgt, zur Not kann er immer noch das Ferienhaus auf Mallorca oder die Villa am Starnberger See verkaufen.

Frauen behandelt der Sugar-Freddy extrem zuvorkommend, allerdings erwartet er auch gewisse Gegenleistungen: Die Freundin des Sugar-Freddy muss sich um den Haushalt kümmern, seine Hemden regelmäßig zur Reinigung bringen und ihm bei Bedarf einen Termin beim Zahnarzt ausmachen. Dafür bekommt sie einen Verlobungsring von Tiffany oder ein schönes Armband von Wempe.

Eine Freundin ist für den Sugar-Freddy auch immer eine persönliche Assistentin, so kennt er es bereits aus der Beziehung seiner Eltern. Seine Mutter hat schließlich auch schon seinem Vater »den Rücken freigehalten«, und das will auch der Sugar-Freddy. Eine Frau mit beruflichem

Erfolg macht den Sugar-Freddy eher skeptisch. Er will bewundert werden, seine Vorstellung von Beziehung ist irgendwo in den späten 50er Jahren stehengeblieben.

Wenn du also davon träumst, Hausfrau zu sein, Charity-Events zu veranstalten oder mit 40 nebenbei eine kleine Kunstgalerie zu leiten, die dir dein Mann eingerichtet hat, ist der Sugar-Freddy perfekt für dich. Du solltest allerdings deinen Horizont nicht unbedingt ständig erweitern und eine konservative Rollenaufteilung in der Beziehung anstreben.

Wenn sich der Sugar-Freddy dann abends in seinem hellblauen Seidenpyjama neben dich ins Boxspringbett legt und dabei bereits stöhnt, als wären seine Knochen 80 Jahre alt – dann hast du eine ziemlich genaue Vision der nächsten 30 Jahre vor Augen. Das kann man mögen – oder nicht.

Das mag er: Manschettenknöpfe, Pullunder

Das mag er nicht: T-Shirts, Sandalen

Style-Accessoire: Geldklammer

Lieblingsfarbe: Old Money Green

Lieblingsauto: Land Rover Defender

Sein Vorbild: Karl-Theodor zu Guttenberg

Nr. 36
Der nimmersatte Kellner

Er arbeitet in einem Straßencafé im Studentenviertel und hat darauf ungefähr so viel Lust wie ein Schulkind auf seine Mathe-Hausaufgaben. Deshalb sucht sich der nimmersatte Kellner ein Betätigungsfeld innerhalb seines Aufgabengebiets, das ihn ablenkt: Er flirtet mit weiblichen Gästen. Weil der Kellner täglich eine sehr hohe Anzahl an Frauen in seinem direkten Radius sitzen sieht, die Frauen aber meistens nicht lange in seinem Wirkungskreis verweilen, muss er schnell agieren und auf den Punkt kommen. Der nimmersatte Kellner ist daher kein subtiler Charmeur. Er sagt einer Frau bereits nach zehn Sekunden, dass sie die schönste Blume ist, die er je gesehen hat, oder er fragt sie, warum sie heute ohne ihren Freund gekommen ist. Die meisten Frauen lächeln müde, weil diese Art von Anmache uralt und außerdem so klebrig wie das Tablett des Kellners ist.

Außerdem willst du vielleicht an einem Samstagnachmittag wirklich nur alleine einen Aperol trinken, ohne gleich belästigt zu werden. Aber dem nimmersatten Kellner ist das egal. Er hasst seinen Job, also sucht er sich einen neuen. Zwischen der Bestellung und dem Bezahlvorgang flaniert der nimmersatte Kellner also scheinbar beiläufig an deinem Tisch vorbei, er stellt dir extra Nüsschen hin und fragt dich, wo du wohnst, wie du heißt und ob du nach der Arbeit mal was trinken gehen willst mit ihm.

Es ist schwer, auf so eine direkte Anmache halbwegs würdevoll zu reagieren: Entweder du gibst dem nimmersatten Kellner direkt einen Korb und sagst, dass du bitte deine Ruhe haben möchtest. Leider ist das nicht besonders souverän, und außerdem musst du dich danach ständig fragen, ob dir der abgeblitzte Mann zur Strafe in deinen Soja-Cappuccino spuckt. Oder du spielst sein Spielchen mit und flirtest unverbindlich zurück. Leider ist das mühsam, denn der Mann stellt dir keine wirklichen Fragen und wartet nicht mal ab, was du auf seine Sprüche antwortest. Du kommst dir also sehr schnell sehr blöd und benutzt vor.

Weil der nimmersatte Kellner mit der Zeit von seinem Job immer gelangweilter ist, professionalisiert er sein Nebengeschäft und versucht seine Trefferquote zu erhöhen. Er flirtet einfach mit jeder Frau, egal, ob sie ihm gefällt oder nicht, und egal, ob sie mit oder ohne Begleitung im Café sitzt. Bei größeren, leicht angetrunkenen Damenrunden hat der nimmersatte Kellner damit sogar Erfolg. Manche Frauen fühlen sich in größeren Runden von der Aufmerksamkeit des nimmersatten Kellners bestätigt, außerdem fischt sich der nimmersatte Kellner, ähnlich wie der **#Trainer,** vor Publikum zielsicher das Mauerblümchen für seine Baggerattacke heraus. Das macht ihn kurzzeitig und eigentlich grundlos sympathisch, weil er scheinbar zwischen Abräumen und Abkassieren die inneren Werte einer Frau erkennen kann. Dabei unterstreicht sein Verhalten nur seine Wahllosigkeit.

Manchmal verliert der nimmersatte Kellner wirklich jedes Maß: Dann macht er selbst vor einem Date nicht halt und baggert sogar, wenn eine Frau von einem Mann begleitet wird, mit dem sie offensichtlich nicht verwandt ist. Das kann zu bizarren und peinlichen Situationen führen, wenn deine männliche Begleitung unterschwellig eifersüchtig wird und dir die Schuld an der Anmache des Kellners zuspricht. Es gibt Männer, die nicht souverän genug sind, mit einem vermeintlichen Gegenspieler stilvoll umzugehen. Dann hilft nur noch ein Lokalwechsel.

Der nimmersatte Kellner ist übrigens ein Liebes-Kapitalist: Er spekuliert darauf, dass er von Damen, denen er besonders viel Aufmerksamkeit schenkt, vielleicht keine Telefonnummer, dafür aber ein größeres Trinkgeld bekommt. Eine Art kleine Ersatzzahlung für den Hauptgewinn (die Frau selbst), der dem Kellner grundsätzlich ausbleibt.

Das mag er: Telefonnummer auf Bierdeckel

Das mag er nicht: Bewirtungsbeleg

Style-Accessoire: Fliege

So gibst du ihm den Laufpass: »Zahlen, bitte!«

Lieblingsdrink: à la carte

Nr. 37
Der Joker

*D*u taumelst morgens um fünf betrunken aus dem Club. Du fühlst dich glücklich, frei und sexy und willst noch nicht nach Hause gehen – schon gar nicht allein. Vielleicht sitzt du auch an einem verregneten Sonntag in deiner Wohnung, keiner deiner Freunde ist in der Stadt, und die Einsamkeit kriecht in dir hoch wie leichter Schüttelfrost. Oder du wurdest mittags im Büro von deinem Chef vor allen Kollegen kritisiert und brauchst jetzt ein halbes Dutzend Wodka-Shots samt Zuhörer, um deine Wut auf den inkompetenten Arsch hinunterzuspülen. Auf der Suche nach einem Kumpan scrollst du die Namen in deinem Handy rauf und runter und landest schließlich bei ihm: dem Joker.

Er ist immer verfügbar – für einen Spaziergang, ein Gespräch oder Spontansex. Der Joker ist nie deine erste Wahl, aber er ist auch nicht die schlechteste. Seine Flexibilität macht ihn einzigartig: weil mit dem Joker einfach immer was geht. Die Motivation des Jokers ist unterschiedlich: Entweder ist er verzweifelt in dich verliebt, einsam, oder ihm ist mindestens so langweilig wie dir. Der Joker freut sich über jede, absolut jede. einzelne.

Nachricht von dir. Er lässt alles stehen und liegen, um zu dir zu eilen. Selbst wenn er sich gerade auf der Autobahn auf dem Weg ins Wellness-Wochenende mit seinen Eltern befindet. Egal. Der Joker kommt, wenn du ihn rufst.

Dank dem Joker fühlst du dich begehrt. Natürlich pikst tief in dir drin das schlechte Gewissen, weil der Joker unter Umständen mehr in ein Treffen mit dir reininterpretiert. Aber du bist vor allem dankbar, dass du ihn hast. Manchmal ist der Joker auch eine Art kostenloser Therapeut für dich, denn es ist verdammt einfach, seine Job- oder Beziehungsprobleme bei ihm abzuladen. Der Joker scheint ein guter Zuhörer, er gibt dir Ratschläge und tut so, als würde er dich in allen Lebenslagen verstehen. Er sitzt, wenn es sein muss, nächtelang mit dir am Küchentisch und lauscht deinen Problemen.

Irgendwann schläfst du vielleicht aus Mitleid oder Mangel an Alternativen mit dem Joker (übrigens keine dreißig Minuten nachdem du ihm erzählt hast, wie krass verknallt du in deinen neuen Bürokollegen bist). Manchmal nimmst du den Joker sogar als Begleitung auf Hochzeiten oder andere Feiern mit, auf denen man gern einen Partner vorweist; der Joker allerdings kann sich dabei nie ganz sicher sein, ob du ihn nach der Hälfte des Abends stehenlässt und mit einem anderen abziehst. Aber das nimmt der Joker hin. Zwischen euch gibt es schließlich keine offiziellen Vereinbarungen, du bist immer ehrlich zum Joker, spielst ihm nichts vor und denkst dadurch, dass es völlig in Ordnung ist, ihn auf Zuruf zu halten.

Am Morgen nach deinem Pferdewechsel holt dich der

Joker wahrscheinlich sogar noch mit dem Auto an der S-Bahn-Station deines Schwarms ab, lächelt gequält und fragt, wie die Nacht so gelaufen ist. Insgeheim hast du natürlich manchmal das Gefühl, dass du in der emotionalen Hölle landest, weil du den Joker ausnutzt. Auf der anderen Seite lässt er sich das alles ja auch gefallen, und weil jeder Mensch auch für sich selbst verantwortlich ist: passt schon.

Dem Joker selbst geht es nicht immer nur um Sex. Es gibt sogar Joker, mit denen du niemals schlafen würdest, niemals geschlafen hast – die sogenannten Freundschafts-Joker. Das sind Menschen, mit denen du nur deshalb Zeit verbringst, weil sie eben Zeit haben. Freunde aus der dritten Reihe. Was mies klingt, ist es gar nicht. Der Joker nämlich macht sich über die Jahre in seiner ganzen Beständigkeit zu einem unverzichtbaren Partner in deinem Leben. Deinen Freundinnen erzählst du manchmal, dass der Joker der einzige Mann ist, mit dem du in einem Bett schlafen kannst, ohne dass etwas passiert. Dass es sich dabei um die größte Beleidigung handelt, die man einem heterosexuellen Mann machen kann, der nicht mit einem verwandt ist: Insgeheim ahnst du es, aber es hält dich nicht davon ab, dem Joker freitagnachts um eins noch eine Nachricht zu schreiben, ob er auf einen Drink vorbeikommen will.

Hat der Joker schlechte Nerven, entwickelt er sich mit der Zeit zum **#Frustmolch**. In wenigen Fällen gelangt der Joker allerdings zu einem kleinen emotionalen Sieg: Schließlich lernst du ihn ja mit jedem Treffen noch ein bisschen besser kennen, und irgendwann rufst du den Joker vielleicht nicht mehr nur an, weil du weißt, dass er garantiert Zeit für dich haben wird – sondern weil er so gut nach Vanille duftet / deinen Humor versteht / du Gänsehaut bekommst, wenn er dich in den Nacken küsst und dir ins Ohr flüstert, wie schön du bist. Die gemeinsam verbrachte Zeit bringt euch einander näher. Unter Umständen könnte es sogar sein, dass du den Joker irgendwann heiratest (oder zumindest eine Beziehung mit ihm eingehst). Das allerdings endet so langweilig, wie es angefangen hat: Du suchst dir schon bald einen neuen Joker. Einer, der immer Zeit hat und dir zuhört, wenn dir dein Partner mal wieder auf die Nerven geht.

Das mag er: zuhören

Das mag er nicht: zuhören

Anzahl Sexpartner pro Jahr: 3

Anzahl an Übernachtungen in fremden Betten pro Jahr: 30

Lieblingsdrink: Irgendeiner, den man auch freitagnachts um eins noch an der Tankstelle bekommt.

Style-Accessoire: Kopfkissen, Handy

Nr. 38
Der falsche Schwule

*E*r verbringt viel Zeit im Bad und im Fitnessstudio, das sieht man. Seine Frisur ist akkurat, seine Fingernägel sauber und die Augenbrauen gezupft. Moment! Seine Augenbrauen sind gezupft? Ja, genau. Vielleicht duftet er auch nach einem süßlichen Parfum, trägt einen Strassohrring und sieht auch sonst sehr männlich-gepflegt aus.

Als Frau irritiert einen dieser Typ Mann, weil man ihn auf den ersten Blick für schwul halten könnte. Zumal er keine Angst vor Gefühlsausbrüchen hat und rein gar nichts dafür tut, den Macho zu markieren. Im Gegenteil: Er kreischt, wenn er eine Maus sieht, lacht zwei Tonlagen zu hoch und spreizt den kleinen Finger vom Glas ab. Der falsche Schwule zelebriert jedes noch so schwule Klischee. Außerdem ist er in der Kommunikation mit dir so empathisch, wie es heterosexuelle Männer so gut wie nie sind.

Der falsche Schwule, den du anfangs also für den richtigen hältst, begleitet dich ins Kino und hat nichts dagegen, sich den übelsten Chick Flick mit dir anzusehen. Er bringt dir auf der Vernissage ungefragt einen Cupcake vom Büfett mit und fragt dich hinterher bei drei Flaschen Rosé

über dein Sexleben aus. Im Club tanzt er dich so aufrei-
zend an, dass die anderen Typen alle neidisch werden.

Du öffnest dich dem falschen Schwulen gegenüber so, wie
es eine Frau nur bei anderen Frauen tut – oder eben bei
Männern, von denen sie kein sexuelles Interesse erwarten.
Du erzählst dem falschen Schwulen von deinem Ex-
Freund, deinem Bikini-Waxing und deiner Angst, dass du
nicht besonders gut im Bett bist. Der falsche Schwule wird
dein bester Freund, oft kennt ihr euch schon viele Jahre,
und irgendwann fällt dir auf, dass ihr niemals über sein
Liebesleben redet – nur über deines.

Vielleicht ist die Sache aber auch ganz anders: Dann nämlich, wenn der falsche Schwule überhaupt nicht wirkt, als
hätte er Interesse an irgendetwas, und du seine Asexuali-
tät falsch deutest. Du denkst, der Typ ist grundsätzlich
desinteressiert? Dabei ist er entweder die **#Ewige Jungfrau**
oder der **#Aussitzer**. Eines ist der Mann jedenfalls garantiert nicht: schwul. Selbst wenn er beiläufig mal erwähnt
hat, dass er gern in Gay-Bars geht, unterstreicht das nur
seinen toleranten Charakter.

Ob seine Art eine Masche ist, um Frauen aufzureißen,
kann man nicht so genau sagen. Schließlich hat er ja nie
konkret gelogen und behauptet, dass er auf Männer steht.
Jedenfalls schafft er es mit seiner verbindlichen Art, innerhalb kürzester Zeit einer Frau emotional und körperlich
sehr nahe zu kommen. Schließlich habt ihr euch ja bereits
beim zweiten Date zum DVD-Abend verabredet, und der
falsche Schwule hatte natürlich nichts dagegen, dass du
ihm in deinem knappen Schlafhöschen die Tür geöffnet

hast und er anschließend deinen Nacken massieren durf-te. Der falsche Schwule hat sich über die Jahre ein be-achtliches Spartenwissen über die weibliche Sexualität angeeignet, schließlich erzählen Frauen ihm ja gern aus-führlich davon. Deshalb ist der falsche Schwule wahr-scheinlich sogar sehr gut im Bett, aber das wirst du nie-mals erfahren.

Eure Beziehung endet mit einem schlimmen Streit. Der falsche Schwule rastet irgendwann komplett aus und teilt dir mit, wie langweilig er deine ganzen Geschichten über die Jahre gefunden hat. Und wie unverschämt es ist, dass du immer nur mit anderen Typen, aber nie mit ihm ins Bett gegangen bist. Außerdem will er die dritte Staffel »How I Met Your Mother« von dir zurück. Sofort.

Seine Biestigkeit im Beenden der Beziehung lässt dich an seiner Heterosexualität dann übrigens doch wieder mas-siv zweifeln.

Das mag er: Filme mit Julia Roberts

Das mag er nicht: Holz hacken

Sein Vorbild: Cristiano Ronaldo

So gibst du ihm den Laufpass: Du willst ihn mit einem Mann verkuppeln.

Style-Accessoire: Maniküre

Nr. 39
Der Hipster

*E*r trägt einen Man-Bun mit Undercut und zu kurze Wollhosen, außerdem hat er einen Bart und einen sehr erlesenen Sockengeschmack (Hauptsache mit Motiv). Wenn der Hipster dann auch noch sein Karohemd und die halb aufgerollte Strickmütze trägt, könnte man denken, er kommt direkt aus dem Wald. In Wahrheit kann er nicht mal einen Nagel in die Wand schlagen – aber das weiß ja keine.

Projekteweise ist der Hipster in irgendeinem Berliner Großraumbüro angestellt, dort hängt er in der Küche ab und wartet, bis der Filterkaffee durchgelaufen ist. In seiner Freizeit (und davon hat er massig) hängt er in einem Café rum, mit dessen Besitzern er befreundet ist, und stochert in veganem Blaubeerkuchen. Dort diskutiert er auch mit seinen Freunden aus der Filmhochschule über den richtig heißen Scheiß: ausgefallene Musik zum Beispiel. Der Hipster steht auf Indie-Kram, den keiner kennt und der so absurd klingt, als hätte ihn eine Werbeagentur gerade erst erfunden: Black Vegan Metal aus Brooklyn, zum Beispiel.

Apropos Amerika: Der Hipster träumt davon, nach New York zu ziehen. Dort würde er dann in einem Loft abhängen und sein eigenes Bier brauen. Macht er aber nie. Der Hipster ist sehr oft auch der **#Facebook-Star,** also ein klassischer Smombie: Er verbringt mehr Zeit an seinem Smartphone als irgendwo sonst auf der Welt. Er ist ständig am Wischen, sein Daumen hat bereits eine Hornhaut. Der Typ ist übrigens extrem eitel, er schaut sich nicht nur ständig im Spiegel an, sondern auch in der Autolackierung der parkenden Wagen. Das muss man als Frau erst einmal ertragen können.

Frauen müssen den Hipster schmücken und möglichst cool wirken lassen. Seine strenge Auswahl beschränkt sich dabei ausschließlich auf die Optik einer möglichen Partnerin. Sobald du also auch nur den kleinsten Hang zum Mainstream verspürst, modisch, musikalisch oder sonstwie, wird der Hipster dich gar nicht erst wahrnehmen. Wenn doch, erwartet dich aber auch nichts Gutes: Weil der Hipster sehr zickig sein kann, wird er ständig mit dir Diskussionen anzetteln und deine Meinung hinterfragen. Außerdem ringt sein komplexer Style ihm fast alle Aufmerksamkeit ab, die er aufbringen kann. Wenn er dann noch seine Fingernägel schwarz lackiert, reicht es dir: Du beendest die Beziehung zum Hipster.

Was der Mann durch seine Nerdbrille leider nicht sehen will: Seine vermeintliche Subkultur ist inzwischen selbst schon längst zum Mainstream mutiert. Außerdem macht die Style-Strenge den Hipster zum größten Spießer aller Zeiten. Dafür braucht man sich nur mal im Bioladen umzuschauen, wo der Hipster seine Nahrung kauft.

Der klassische Hipster wird übrigens niemals älter als 35

(danach ist er kein Hipster mehr, sondern nur noch ein schrulliger Alter mit bizarrem Modegeschmack).

Weil der Hipster es außerdem niemals nach New-York-Williamsburg schafft, sondern immer noch in Berlin abhängt und dort die Mietpreise durch seine bloße Existenz in die Höhe steigen lässt, ist er ständig frustriert. Schließlich will der Hipster kein politischer Mann sein, sondern lieber seiner Jugendlichkeit hinterherheulen. Zum Trost spart er sein ganzes Geld für ein Fixie-Bike, das er sich in seiner WG an die Wand hängt.

Das mag er: Avocado

Das mag er nicht: Fernsehen

Style-Accessoire: Vollbart

So gibst du ihm den Laufpass: Du kaufst Tickets für Justin Bieber.

Lieblingsdrink: Homebrewn Beer

Nr. 40
Der Abenteuer-
Journalist

*E*r hat alles, einfach ALLES schon gesehen und erlebt: Der Abenteuer-Journalist ist ständig unterwegs, auf der ganzen Welt, und er tut Dinge, die andere Menschen vehement vermeiden. Der Abenteuer-Journalist ist bereits in Australien mit Haien getaucht (ohne Käfig!), er hat im Kongo mit Kindersoldaten gepokert und ist mit dem Segway über den Jakobsweg gepilgert. Er erzählt gern Geschichten, vor allem erzählt er sie gern Frauen. Den Wahrheitsgehalt seiner Storys kann natürlich keine überprüfen. Ob er sich wirklich mal in Kairo auf dem Wochenmarkt einen Zahn hat ziehen lassen? Wer weiß das schon.

Die Aufreißmasche des Journalisten geht so: Bei eurem ersten Date erzählt er dir von den drei Bürgerkriegen, die er aus nächster Nähe erlebt hat, und er beschreibt die Armut dieser Menschen in Afrika/Asien/Russland und dass sie trotzdem so unendlich viel Stolz in ihrem Blick haben. Einmal, da hat er sogar mal ein kleines Mädchen im Nil vor dem Ertrinken gerettet und wurde anschließend zum König ihres Stammes ausgerufen.

Du bist fasziniert. Dieser Mann scheint ein Held zu sein. Außerdem wirkt er so schön verwegen mit seiner gesunden Gesichtsfarbe und seinen Narben auf der Stirn. Mit dem Abenteuer-Journalisten wird es niemals langweilig. Das mag auch daran liegen, dass ihr euch nicht besonders häufig seht. Der Mann ist 350 Tage im Jahr unterwegs. Dabei ist es nicht so, dass er ständig Aufträge im Ausland hat – er kann sich nur nicht länger als drei Tage am Stück am gleichen Ort aufhalten.

Als Student hat der Abenteuer-Journalist eine Zeitlang als Nachtportier oder im Leichenschauhaus gearbeitet. Jedenfalls steht das in seiner Vita. Anschließend ist er in ein indisches Ashram gezogen, danach in ein Zen-Kloster (was ihn dazu veranlasst hat, nach seiner Rückkehr erst mal den Fernseher aus seiner Wohnung zu werfen und alles andere, was er plötzlich so überflüssig fand – inklusive seiner damaligen Freundin).

Seine Reportagen schreibt er grundsätzlich in Ich-Form, außerdem jedes Jahr ein Sachbuch. Sie heißen »Sucht nach Leben« oder »Im Herzen das Feuer« oder »Wie ich einmal in Mombasa durch die Hölle ging«. Alles an ihm ist extrem. Sogar seine Buchtitel.

Der Abenteuer-Journalist hat ständig Affären. In mindestens drei Ländern dieser Erde zahlt er Alimente. Dennoch scannt er jedes Land, das er durchquert, auch immer nach einer potenziellen Frau ab. Gleichzeitig behauptet er, dass er die Liebe seines Lebens sucht.

Besonders beliebt ist er übrigens bei Journalistenschülerinnen oder Fans seiner Reise-Sachbücher. Manchmal organisiert der Abenteuer-Journalist deshalb auch Schreib-Workshops, in denen er ganz ungeniert ausschließlich attraktive Frauen und Schwule einlädt (er hasst Konkurrenz!). Sowieso denkt der Abenteuer-Journalist, er sei gottesgleich begabt im Schreiben. Tatsächlich kann er gut formulieren, vor allem die Notizen, die er am nächsten Morgen auf dem Kopfkissen im Hotel hinterlässt. Davon hat er ein ganzes Repertoire. »Es war schön mit Dir, Du Wundergeschöpf!«, schreibt er dann und denkt, es sei legitim, sich danach nie wieder bei dir zu melden.

Mit 40 zieht er übrigens nach Paris, ganz einfach deshalb, weil es sich in seinem Lebenslauf so gut anhört.

Das Problem mit dem Journalisten ist, dass er sehr unbeständig lebt und liebt. Er verliert schneller das Interesse an dir, wie das GEO-Magazin mit seiner Reportage am Kiosk ausliegt. Nichts kann ihn mehr überraschen, nichts wirft ihn noch aus der Bahn. Nicht einmal du.

Das mag er: Egon-Erwin-Kisch-Preis

Das mag er nicht: Rezensionen

Style-Accessoire: Moleskine-Notizbuch

Sein Vorbild: Ernest Hemingway

Sein Anmachspruch: »Liebe ist Krieg, Baby!«

Nr. 41
Der Fitnessfreak

*E*r hat sich früh entschieden, dass ein guter Body sein größter Trumpf im Leben und es eine Frage von Disziplin ist, sich an seine körperlichen Grenzen zu bringen: Sport ist alles für ihn. Der Fitnessfreak joggt jeden Morgen um sechs Uhr drei Kilometer durch den Stadtpark, oder er bucht ausgedehnte Radtouren durch die Dolomiten, vielleicht geht er auch fünfmal die Woche ins Fitnessstudio. In seinem Schlafzimmer hortet er Acht-Liter-Bottiche voll Protein-Pulver »Cookie-Geschmack«, er misst wöchentlich seinen Bizeps mit einem Maßband und redet ständig von »Muskelaufbau«. Zum Geburtstag wünscht er sich einen neuen Pulsmesser.

Der Fitnessfreak ist sehr häufig auch der Kampfradler: Er sitzt nicht auf dem Fahrrad, er liegt darauf. Außerdem trägt er neonfarbene Radlerhosen, die so eng anliegen, dass sie keinerlei Raum für Phantasie lassen. Sein Helm ist nach hinten gespitzt, weil das irgendwie ergometrisch sein soll, dabei wirkt der Kampfradler damit so deformiert wie ein Außerirdischer aus »Star Trek«. Der Kampfradler-Fitnessfreak rast durch die Stadt und bremst vor keiner Einfahrt ab. Wenn ihm also ein Auto in die Quere kommt (und das passiert ständig), dann brüllt der Kampf-radler Schimpfwörter durch die Straße und schlägt im Vorbeifahren mit der flachen Hand auf die Motorhaube. Ganz egal, ob er Vorfahrt hat oder nicht.

Der Fitnessfreak ist hochgradig übellaunig. Schließlich muss er sich ständig quälen und an sein Limit bringen, er gönnt sich nichts und wiegt seine wöchentliche Schokola-denration ab (35 Gramm). Alkohol trinkt er so gut wie nie und wenn, dann nur mit schlechtem Gewissen. Außer-dem steht er nicht besonders auf Sex, weil er denkt, dass ihm jede Art von Bewegung außerhalb seiner Sportart un-nötig Kraft raubt.

Der Fitnessfreak ist gänzlich unentspannt, und er hat kei-nerlei Empfinden für Stil: Er läuft mit Stollenschuhen durch den Supermarkt und behält dabei seinen Helm auf. Leider erwartet der Fitnessfreak von seiner Partnerin nicht nur Bewunderung, sondern auch Disziplin – vor allem aber einen perfekten Körperfettanteil. Jeder Urlaub ist auf das Hobby des Fitnessfreaks ausgerichtet, er fährt zielsicher nach Hawaii zum Iron Man oder meldet sich für den nächsten Marathon in New York an. Wenn du als seine Freundin nicht wenigstens mit einer Wasserflasche am Rand stehst und den Fitnessfreak anfeuerst, dann redet er kein Wort mehr mit dir.

Der Fitnessfreak ist ein zäher Typ, er besteht nur aus Mus-keln und ist so dünn wie ein ausgetrocknetes Stück von deinem Ledergürtel. Er redet ständig davon, dass du dei-nen »inneren Schweinehund« überwinden sollst. Dass der Schweinehund eventuell der Typ ist, der einer Frau derart auf die Nerven geht, das solltest du dem Fitnessfreak vielleicht einfach mal mitteilen.

Das mag er: Radlerhose

Das mag er nicht: ausschlafen

Sein Motto: Move Your Ass.

Style-Accessoire: Schweißband

Erstes Date: Joggen um die Alster

Nr. 42
Der Lokalmatador

Er wohnt in Edling, in Bützow oder einer anderen Kleinstadt, die mit -au oder -dorf endet. Dort, wo die Schnäpse noch Kümmerling heißen und die Frauen Doris, ist der Lokalmatador zu Hause. Er ist der König eines zehn Quadratkilometer großen Reviers, das aus Tankstelle, Autowaschanlage und Dorfkneipe besteht. Sein ganzes Selbstbewusstsein zieht der Lokalmatador aus der Tatsache, dass er fast jeden Abend in dieser Kneipe rumhängt, die »Zum Bären/Ochsen/Adler« heißt, und folglich alle Bar-Angestellten mit Handschlag begrüßt. Er macht das am Abend Dutzende Male, bis wirklich jeder und vor allem jede gesehen hat: Er ist hier der Boss. Seine Homebase ist gleichzeitig auch geographisch das einzige Feld, auf dem er Frauen kennenlernt, weshalb er meistens mit einer Frau aus seinem erweiterten familiären Umfeld zusammen ist; der Ex-Freundin seines Cousins oder der Schwester der Freundin seiner Tante. Wo sonst soll er auch potenzielle Partnerinnen kennenlernen? Die Auswahl in Edling/Bützow/Aulendorf ist schließlich begrenzt.

Seiner Mutter gehört übrigens der örtliche Frisiersalon (»Hairlich«), dort ist der Lokalmatador quasi aufgewachsen; sein Vater ist mindestens fünfmal die Woche abends ebenfalls am Stammtisch im »Bären/Ochsen/Adler« und spielt Karten. Sein Bruder ist der Kassenwart der Dorfverwaltung. Alle seine Freunde kennt der Lokalmatador bereits aus der Grundschule, er nennt sie grundsätzlich »Kumpels«, und in ihrer Freizeit spielen sie zusammen Fußball oder hängen in der Vereinskneipe oder an der Tankstelle ab. Die Türen ihrer Autos stehen dabei weit offen, damit die Musik aus dem Autoradio bis zum Dorfbrunnen schallt. Der Lokalmatador arbeitet grundsätzlich in dem Betrieb, in dem er bereits seine Lehre gemacht hat, meistens in einer Autowerkstatt oder im örtlichen Supermarkt.

Der Lokalmatador ist ein glücklicher Mann, weil er nicht nach der großen, weiten Welt strebt; Fernweh kennt er nicht, für ihn ist ein Ausflug in die Kreisstadt bereits aufregend genug. In Wahrheit hat er natürlich massiv Respekt vor der Tatsache, dass ihn außerhalb seiner Gemeinde keiner kennt und er folglich keine Hausrechte hat. Schließlich liebt er es, seinen Nachbarn beim Rasenmähen zuzuwinken und grundsätzlich jeden zu duzen, der ihm begegnet. Der Lokalmatador ist das Gegenteil von weltmännisch, er ist provinziell wie der **#Drogeriehengst**. Trifft er eine Frau, die er nicht sowieso schon seit der Grundschule kennt, ist er sofort interessiert. Solltest du dich also beruflich oder privat aus Versehen einmal nach Edling/Bützow/Aulendorf verirren und den Lokalmatador treffen, könnte das der Anfang einer intensiven Beziehung werden.

Eine Partnerschaft mit dem Lokalmatador hat allerdings

einen Haken: Ein Umzug kommt für ihn nicht in Frage. Vielmehr steht nach drei Monaten bereits zur Debatte, ob das Untergeschoss seines Elternhauses für euch beide ausgebaut werden soll. Oder der Lokalmatador hat dank der Hilfe seines Kumpels aus dem Rathaus bereits ein Grundstück reserviert, auf dem er eine Doppelhaushälfte bauen will.

Der Lokalmatador bekommt für einen Kredit natürlich extrem gute Konditionen bei seiner Hausbank, denn sein Onkel ist gleichzeitig auch sein Sparkassen-Berater. Während ihr also nach einem Grillabend mit den Kumpels des Lokalmatadors auf euer gemeinsames Glück anstoßt, träumt er bereits von einem Zierteich mit Karpfen und einer Kinderschaukel.

Der Vorteil an einer Verbindung mit dem Lokalmatador ist, dass du sofort vollständig in sein Leben integriert wirst. Bereits das zweite Date findet am Mittagstisch seiner Eltern statt; seine Oma strickt dir bereits Socken, und auf jede Gartenparty werdet ihr fortan gemeinsam eingeladen. Weil aber in jeder Beziehung am Ende genau das stört, was am Anfang am anderen fasziniert hat, wird es mit euch beiden nur klappen, wenn du ebenfalls ein Familienmensch bist – und kein Problem damit hast, wenn die halbe Stadt grundsätzlich über eure Eheprobleme informiert ist.

Das mag er: Kegelabend

Das mag er nicht: Flugreise

Style-Accessoire: Weizenbier

Sein Vorbild: sein Vater

Das sagt er: »Haben wir es nicht schön hier?«

Nr. 43
Der Indie-Bubi

Er ist vor allem eins: ein Kind. Der Indie-Bubi ist niemals älter als 30, wahrscheinlich ist er sogar eher 25 Jahre alt. Er arbeitet als Graphiker oder studiert auf der Filmhochschule. Jedenfalls hat er irgendeinen kreativen Job, aber nicht, weil er besonders kreativ ist, sondern weil er jede Form von Arbeit hasst. Ziemlich sicher trägt der Indie-Bubi Skinny-Jeans und Vans, Converse oder schwarze Stiefeletten. Außerdem hat er total viele Haare, eine Art Pilzkopf, aber den sieht man nicht, denn er trägt immer eine Wollmütze – auch in geschlossenen Räumen und erst recht im Sommer. Der Indie-Bubi meidet Marken und Geschäfte, die mehr als zehn Menschen außerhalb seiner Szene kennen. Lieber kauft er in Secondhand-Geschäften speckige Lederjacken oder ersteigert sich über eBay ein Band-T-Shirt von Phoenix. Außerdem lässt er sich von seiner Oma einen Schal stricken, der so riesig ist, dass der Indie-Bubi beinahe darin versinkt. Eigentlich sieht er ein bisschen aus wie eine Comic-Figur, aber das sagt ihm natürlich keiner. Seine Freizeit verbringt der Indie-Bubi grundsätzlich in geschlossenen Räumen, dort dreht er zuerst die Heizung, dann die Musik auf und blättert in ein paar Mangas.

Weil er kaum Nahrung zu sich nimmt, ist der Indie-Bubi sehr dünn. Er ist ein Typ, der gern leidet, damit ähnelt er dem **#Depri-Dulli**. Sex findet er eklig und übrigens auch alles andere, was Spaß macht.

Der Indie-Bubi ist wahrscheinlich in deiner Firma als Praktikant beschäftigt, dort huscht er durch die Gänge, blass, unscheinbar, verkümmert, ein Körper wie ein Fragezeichen. Es ist ziemlich schwierig, den Indie-Bubi anzusprechen, denn er trägt grundsätzlich Kopfhörer. Außerdem ist er immer traurig. Das schreckt ab.

Wenn der Indie-Bubi mal eine Freundin hat (kommt selten vor), dann sieht sie genauso aus wie er: Sie trägt Pullover mit Tiermotiven und schwarz lackierte Fingernägel und hat ein Problem mit sich selbst und der Welt.

Natürlich willst du einen Typen wie den Indie-Bubi niemals daten. Es ist auch gar keine Option, denn der Junge weiß nicht, was ein Date ist. Eigentlich braucht er auch keine Frau, sondern eine Art Leidensgenossin. Jemanden, der dem Leben ebenso wenig abgewinnen kann wie er selbst. Oder wenigstens mit ihm gemeinsam am Sonntag die Plattensammlung sortiert. Wenn der Indie-Bubi älter wird, ist er übrigens manchmal auch der **#Indie-DJ**.

Das alles hört sich harmlos an, aber der Indie-Bubi hat auch eine äußerst anstrengende Seite: Der Indie-Bubi glaubt nichts, was er hört. Selbst wenn es sich um seine eigene Postleitzahl handelt. Er ist eben durch und durch anti. In seiner Gesellschaft musst du also immer kämpfen, immer diskutieren und bist danach so ermüdet wie nach einem Marathon.

Von einer engeren Bindung zum Indie-Bubi ist also abzu-raten: Es sei denn, du bist selbst erst 25 Jahre alt, auf Sinnsuche und siehst das Glas grundsätzlich eher halb leer als halb voll.

Das mag er: Berlin

Das mag er nicht: Haare schneiden

Style-Accessoire: Band-T-Shirt (The Clash)

Sein Vorbild: Pete Doherty

So gibst du ihm den Laufpass: Du kaufst dir Perlen-ohrringe.

Nr. 44
Der Hinhalter

*D*ieser Mann hält dich ständig warm, und das geht so: Alle paar Wochen / Monate meldet er sich per Facebook oder WhatsApp bei dir, er sendet dir Zwinkersmiley, Herzchen oder »Hey, wie geht's dir?«-Nachrichten. Darüber freust du dich, Aufmerksamkeit ist schön. Außerdem gefällt er dir. Immer wieder macht er mit dir ein Date aus – aber ihr seht euch trotzdem nie. Denn der Hinhalter wäre nicht der Hinhalter, wenn er folgende Nummer nicht ständig wiederholen würde: Kurz bevor ihr euch trefft, sagt er die Verabredung ab. Mit einer Auflistung fadenscheiniger Argumente (»Hey, ich musste spontan auf eine Fortbildung« / »Fühl mich heute nicht so wohl« / »Meine Katze ist krank«) morst er dich an und storniert das Treffen. Natürlich bist du wütend oder mindestens gekränkt. Aber gleichzeitig legst du dir Begründungen zurecht, warum es dieses Mal schon wieder nicht klappt (»Vielleicht ist er ja wirklich krank … oder die Katze / der Arme muss ja so viel arbeiten«). Du willst dir nur ungern eingestehen, dass der Typ einfach nicht so auf dich steht. Außerdem, denkst du, meldet er sich ja regelmäßig. Das würde er ja wohl nicht tun, wenn er kein Interesse hätte? FALSCH.

Auch Männer spielen Spielchen, vielleicht machen sie es nicht immer mit bösen Hintergedanken, aber sie tun es.

Der Hinhalter hält dich in einer Warteschleife gefangen, aus der du im schlimmsten Fall über Jahre nicht entfliehen kannst. Warum macht er das? Ganz einfach. Weil du unter Garantie auf ihn anspringst und ihm innerhalb von vierundzwanzig Stunden antwortest. Auch er liebt Aufmerksamkeit.

Der Hinhalter ist nicht unbedingt ein Heuchler, ähnlich wie der **#Pegelcasanova** meint er es schon auch ernst, wenn er dir schreibt, dass er dich gern sehen will. Leider meint er es nicht ernst genug.

Wenn der Hinhalter mal wieder ein Date platzen lässt, fünf Minuten bevor ihr euch treffen wolltet, dann weißt du erst mal nicht, ob du heulen oder ein Glas an die Wand schmeißen solltest. Du ärgerst dich, weil du ein Kleid für 200 Euro extra für dieses Date gekauft hast. Du bereust, dass du Last Minute noch einen Termin in deinem Waxing-Studio organisiert hast und dafür den Kinoabend mit deiner besten Freundin hast sausenlassen.

Freilich ist sich der Mann all dessen nicht bewusst. Für Männer sind Dates in der Regel keine Dates, sondern Termine, vor denen sie sich vielleicht höchstens die Zähne putzen. Nach seiner Absage wird der Hinhalter für kurze Zeit zum **#Ghost.**

Wenn du dich wieder beruhigt hast, schwörst du dir, dem Mann niemals wieder zu antworten. Du hältst dich für geheilt, und wenn du ihn langsam fast vergessen hast, passiert es schon wieder: Der Hinhalter springt wie der Kasper aus der Dose in dein Leben zurück. Bäm! SMS! Sprachnachricht! Dein Herz macht Sprünge, wenn du seinen Namen auf dem Display liest. Obwohl dein Verstand es besser wissen müsste, antwortest du dem Hinhalter, und der ganze Mist geht wieder von vorne los.

Hättet ihr eine richtige Affäre, solltest du den Hinhalter irgendwann mit seiner komischen Taktik konfrontieren. Weil bei euch aber nie etwas geht, noch nie etwas gegangen ist, fühlst du dich zu keiner Aussprache berechtigt.

Natürlich ist dieser Mann keine moderne Erscheinung, es gab ihn schon immer, frag mal deine Mutter. Allerdings hat er durch die Digitalisierung jede Menge neue Kommunikationskanäle. Er muss keinen Telefonhörer in die Hand nehmen, um dich wieder auf Spur zu bringen – es reicht ein Tweet oder ein Anstupsen auf Facebook.

Er schafft mit seiner scheinbar verbindlichen Art eine besondere Stimmung zwischen euch, dabei ist er extrem unverbindlich. Ähnlichkeiten hat er deshalb auch mit dem **#Almost Lover.** Schließlich passiert zwischen euch nie etwas. Kein Kuss, nicht mal eine Umarmung. Ab und zu seht ihr euch auf Partys.

Was kannst du gegen den Hinhalter tun? Entweder: Auf Facebook entfreunden, Nummer löschen, auf WhatsApp stumm schalten. Das ist kindisch, und wenn du ehrlich bist, bringst du es sowieso nicht übers Herz. Bleibt also nur Folgendes: Wenn sich der Hinhalter das nächste Mal wieder bei dir meldet, schreibst du ihm zurück, dass du krank bist, auf Fortbildung musst oder deine Katze gesundheitliche Probleme hat. Dann wartest du einfach ab. Der Hinhalter wird durchdrehen.

Das mag er: in letzter Minute absagen

Das mag er nicht: Versprechen einhalten

Style-Accessoire: Warteschleife

Dates pro Monat: 5

Davon angekündigt: 50

Nr. 45
Der Startupper

*E*r lebt in Berlin, sein Büro ist ein Loft mit Backsteinen an der Wand und einer Nespresso-Maschine auf der Küchenzeile. Du triffst den Startupper morgens um elf Uhr bei Starbucks in der Schlange, er schielt auf deinen Becher und spricht dich mit Vornamen an, das ganze Gespräch lenkt er nach wenigen Sekunden auf die unausweichliche Frage: »Und was machst du eigentlich so beruflich?« Ohne deine Antwort abzuwarten, schiebt er hinterher: »Ich bin übrigens Gründer«, und strahlt dabei sein schönstes Haifischlächeln. Was er genau macht, kann er dir zwar nicht erklären, aber es interessiert dich auch nicht wirklich.

Der Startupper ist ein Meister der Selbst-PR und sehr aktiv auf Facebook, dort postet er Dinge wie »Next stop San Francisco!« oder »Just raised 100 million!«, dahinter knallt er noch drei Hashtags (#bestlunchever #sohohousemeeting #teamevent) und Fotos seiner letzten Office-Party. Sein Dinner im Borchardt isst der Startupper meistens kalt, weil er erst einmal alles mit den richtigen Hashtags versehen muss.

Seine Festanstellung bei McKinsey hat er voriges Jahr aufgegeben, dort war er übrigens der **#Workaholic.** Seither spricht er gern von »Quality Time« und fotografiert sich auch öfters im Urlaub mit den Füßen im Sand. Der Startupper kommt meistens aus einem wohlhabenden Elternhaus, vielleicht ist sein Vater ebenfalls Unternehmer, deshalb träumt er davon, selbst »ganz dick Business zu machen«. Schon als Neunjähriger hat er die ganze Familie bei Monopoly besiegt, die ersten 50 000 Euro Startkapital für die Firma hat er sich mit 26 von seinem Vater ausgeliehen. Davon bezahlt er inzwischen drei Praktikanten, die zwar nichts leisten, aber die der Startupper wenigstens von der Steuer absetzen kann. Außerdem macht er sowieso lieber alles selbst: zehn Telefonkonferenzen in vier Tagen etwa oder zwei Meetings auf zwei Kontinenten innerhalb einer Woche. Sein Problem: Der Mann hält sich für einen Überflieger, dabei ist er eher ein Poser.

Er war mal Kandidat in der »Höhle der Löwen«, dort hat er einen Handtuchständer mit integriertem USB-Anschluss vorgestellt. Leider hat sich keiner außer Carsten Maschmeyer dafür interessiert, außerdem hat VOX ihm hinterher die Spesen nicht bezahlt – das erzählt der Startupper jedem, der es nicht wissen will.

Ständig will er sich mit allen Leuten »connecten«, aber nachdem er deinem Cousin eine Firmenbeteiligung zu dubiosen Konditionen aufschwatzt, zweifelst du langsam an seinem Verstand. Weil er ständig so viele neue Ideen hat, fährt sein aktuelles Projekt meistens schnell gegen die Wand. Das macht aber nix, denn der Startupper verliert grundsätzlich schnell das Interesse, wenn etwas nicht so läuft, wie er es sich vorstellt.

Manchmal fragst du dich, ob er eigentlich ADHS hat, jedenfalls zappelt er neben dir auf dem Sofa rum und schwatzt unverständliches Zeug: »Und dann schreib ich ihm so: Urgent, hey, wo sind die roten CTAs auf der Homepage?!?« Du verstehst natürlich nur Bahnhof. Die Selbstgespräche des Startuppers gehen dir daher schnell auf die Nerven. Er liebt außerdem Anglizismen und kommuniziert mit dir wie mit einer Angestellten. Freunde hat er übrigens keine, nur Kollegen. Er ist im schlimmsten Sinne ungeduldig und will alles, und zwar sofort, aber nicht besonders lange.

Im Winter fliegt er übrigens für ein halbes Jahr nach Kalifornien, dort lässt er sich dann einen Bart wachsen und plant eine App für einen veganen Lieferservice oder Airbnb für Hunde.

Sein Lebensziel: Wenn er mit 35 seine erste Million verdient hat, setzt er sich zur Ruhe. Du kannst nur hoffen, dass es so weit gar nicht erst kommt, denn als Frührentner würde dir der Startupper noch ein bisschen mehr auf den Keks gehen.

Das mag er: Silicon Valley, Google

Das mag er nicht: Deutschland, IBM

Style-Accessoire: iPhone 8 Plus

Davon träumt er: Burning Man Festival

Sein Vorbild: Steve Jobs

Nr. 46
Der Lebemann

Das Erste, was dir an diesem Mann auffällt: seine Zähne. Der Lebemann hat eine strahlend weiße, top gepflegte Zahnreihe, die man immer sieht, weil der Lebemann nonstop lächelt. Seine Zähne sind quasi sein Style-Accessoire. Deshalb geht er auch mindestens einmal im Monat zur professionellen Zahnreinigung. Sein Lächeln ist sein Kapital.

Der Lebemann sieht auch sonst recht gut aus. Er ist quasi der Prototyp des Sunnyboy. Vor allem aber ist er immer top gelaunt. Nichts und niemand kann ihm die Stimmung verderben. Er verkörpert das Versprechen: An meiner Seite wirst du immer eine gute Zeit haben. Das gilt für jeden Menschen, mit dem sich der Lebemann umgibt.

Der Lebemann hat irre viele Freunde, seine Kollegen im Büro vergöttern ihn, er wird ohne Ausnahme auf jede Party eingeladen (selbst wenn der Gastgeber ihn gar nicht kennt). Der Lebemann bekommt stündlich mindestens dreißig WhatsApp-Nachrichten von allen möglichen Leuten. Er ist übrigens auch der Typ, bei dem im Urlaub alle im Mietwagen mitfahren wollen, weil dort die Stimmung am besten ist. Der, neben dem jeder im Restaurant sitzen will. Der Mann, der in einer Runde von vierzig Leuten alle Lacher auf seiner Seite hat.

Jeder, der den Lebemann kennt, will mit ihm befreundet sein und sich in seinem Licht sonnen. Das war schon in seiner Jugend so: Der Lebemann war natürlich Kapitän seiner Fußballmannschaft, er wurde dreimal hintereinander zum Klassensprecher gewählt, er war der beliebteste Junge im Viertel.

Du lernst den Lebemann auf einer Party kennen. Sobald die Musik auf dieser Party hochgedreht wird, steht der Lebemann auf der Tanzfläche und rockt. Natürlich gestikuliert er ein bisschen zu viel, zu wild, er bewegt sich im Reich der Ironie, aber er kann es sich halt auch erlauben. Dem Lebemann nimmt man schließlich alles ab. Wäre er ein Zeuge Jehovas, hätten die plötzlich 30 Prozent mehr Mitglieder in ihrem Viertel. Der Lebemann weiß, dass er durch seine Einstellung immer an der Grenze zur Peinlichkeit wandelt, hat aber die Erfahrung gemacht, dass Frauen von seiner positiven Carpe-diem-Haltung mitgerissen werden wollen. Der Lebemann springt nachts, ganz spontan, nackt in den See. Er macht gern »verrückte Sachen«. Der Lebemann ist beruflich immer sehr erfolgreich, er ist der geborene Verkäufer und gibt allen Menschen das Gefühl, wichtig für ihn zu sein. Meistens ist er selbständig oder arbeitet als **#Trainer.**

Sein Makel: Bei den kleinsten Problemen haut er ab. Der Lebemann hat schließlich keinen Bock auf Diskussionen und Ärger und Eifersuchtsdramen, er ist ein oberflächlicher Partner. Er will lieber »eine gute Zeit« verbringen, als mit dir über deine Kündigung oder den Tod deiner Großmutter zu sprechen. Das zieht den Lebemann massiv runter, das kann er nicht brauchen. Was du allerdings nicht brauchen kannst: einen Typen wie ihn, der sich im Leben immer nur die Rosinen rauspickt.

Das mag er: Publikum

Das mag er nicht: Silentium

So gibst du ihm den Laufpass: Du bekommst eine Depression.

Sein Vorbild: Dieter Bohlen

Dazu tanzt er: »Happy« (Pharrell Williams)

Nr. 47
Der Feuilletonist

Kein Mann auf der ganzen Welt hört sich so gern sprechen wie er. Im Grunde schwadroniert der Feuilletonist den ganzen Tag lang. Dabei versteigt er sich gern zu steilen Thesen oder verteidigt etwas, was alle anderen blöd finden. Du bist Globalisierungsgegnerin? Der Feuilletonist hält dir eine Rede über die Vorzüge von TTIP. Du bist romantisch veranlagt? Der Feuilletonist schwärmt einen Abend lang ausführlich von Tinder. Er ist stolz auf seine scheinbar originelle Anti-Meinung. Außerdem gefällt er sich in der Rolle des Mannes, der vermeintliche Sicherheiten hinterfragt. Seine wilden Theorien unterbreitet er allen, die nicht schnell genug vor ihm fliehen können. Wahrscheinlich arbeitet der Feuilletonist bei einer großen Tageszeitung, dort sitzt er in einem kleinen Büro, raucht Kette, trinkt mittags schon Whiskey und sehnt sich der Fünfzig-Jahr-Feier seines Verlags entgegen, bei der er dann die jungen Praktikantinnen/Redakteurinnen angraben kann. Denn die jungen Dinger haben es dem Feuilletonisten angetan. Er zehrt vampirhaft an ihrer frischen und unverbrauchten Sicht auf die Welt. Außerdem denkt er, dass er ihnen imponieren kann. Tut er aber nicht.

Aus Style-Gründen wartet der Feuilletonist, bis die meisten Kollegen das Fest verlassen haben, blamieren will er sich schließlich nicht, das unterscheidet ihn vom **#Geilen Greis** – dann schlägt er zu: Er kommt in deine Richtung und verwickelt dich in ein Gespräch.

Optisch erkennst du den Mann übrigens, weil sein Outfit seit Generationen das gleiche geblieben ist: Der Feuilletonist trägt einen Rollkragenpulli (schwarz!), ein Cordsakko und riecht nach einem herben Männerduft (Sandelholz und Zeder). Außerdem hat er immer eine Zeitung unterm Arm.

In seiner Freizeit schreibt der Feuilletonist Bücher, die heißen »Theater hassen«, oder er gibt einen Bildband heraus, in dem die Wohnzimmer von 50er-Jahre-Hollywood-Stars abgebildet sind. Seine eigene Wohnung befindet sich übrigens mitten in der Innenstadt, ein schicker, 150 Quadratmeter großer Altbau mit drei Meter hohen Decken, denn der Feuilletonist wird dank seiner alten Verträge noch übertariflich bezahlt. Seine Wohnung hat er mit Design-Klassikern der 60er Jahre eingerichtet, irgendwo steht unter Garantie ein Eames-Loungesessel samt Fußhocker herum. Natürlich raucht der Feuilletonist auch in der Wohnung.

Als Frau nimmt man die Aufmerksamkeit dieses Mannes als ein Kompliment: Schließlich ist er nicht nur hyperreflektiert und anspruchsvoll, er will vor allem eine schlaue, schlagfertige Frau – das ist ihm wichtig für sein Selbstbild. Trotzdem – und das ist die anstrengende Seite des Feuilletonisten – muss er grundsätzlich immer als Sieger aus jeder Diskussion herausgehen. Er muss einer Frau zeigen, dass er noch ein bisschen schlauer ist als sie (auch wenn das gar nicht der Fall ist). Sein Trumpf bei den jungen Frauen ist übrigens dieser: Der Feuilletonist kennt die guten Barkeeper der Stadt alle persönlich und bekommt daher auch überall einen Tisch. Charles Schumann ist sein bester Freund. Auch sonst kennt der Feuilletonist natürlich jede Menge Promis: Mit Rammstein geht er auf Tour, Herbert Grönemeyer ist sein Blutsbruder.

Der Feuilletonist hat eine Ex-Frau und einen sechzehnjährigen Sohn, die ihn beide hassen. Sein Sohn besucht ihn alle sechs Wochen und verzieht sich dann ins Gästezimmer, um seinen Vater von dort aus still zu verachten.

Wenn dich das alles nicht stört und du kein Problem damit hast, dass dein Partner dich ausschließlich zur Selbstbestätigung braucht: Dann ist der Feuilletonist der perfekte Mann für dich. In allen anderen Fällen leider nicht.

Das mag er: Thomas Bernhard

Das mag er nicht: Paulo Coelho

Style-Accessoire: Zigaretten-Etui

So gibst du ihm den Laufpass: Du gewinnst jede Diskussion.

Lieblingsdrink: Old-Fashioned

Nr. 48
Der Ghost

Alles läuft perfekt. Scheinbar. Das Kennenlernen, das Date, vielleicht sogar die erste gemeinsame Nacht. Aber das ist völlig egal, denn der Ghost verschwindet so schnell aus deinem Leben, wie er darin aufgetaucht ist. Perfekt ist es also vermeintlich nur für dich gelaufen.

Den Ghost kann man nicht verstehen, man kann nur versuchen, sich in ihn hineinzuversetzen: Der Mann findet dich ohne Zweifel gut, aber leider hält dieses Gefühl bei ihm nur sehr kurz an. Entweder lernt er eine andere Frau kennen, die er besser findet, oder er hat keinen Bock auf eine Beziehung, eine Affäre ist ihm vielleicht auch zu anstrengend. Vielleicht ist er auch ein Psychopath oder asexuell. Oder alles zusammen. Du musst die Beweggründe des Ghosts nicht durchleuchten, Gründe sind die Pest, alles, was zwischen Männern und Frauen zählt, sind Taten. Der Ghost beendet die Sache mit dir mit minimalem Aufwand. Er spart sich höfliche SMS, in denen er euer nächstes Treffen hinauszögert. Wenn du ihm nach dem Kennenlernen/Date/Sex schreibst, antwortet er einfach nicht mehr. Natürlich wartest du auf Nachricht von ihm, aber die wirst du nicht bekommen. Also fragst du dich, was wohl schiefgelaufen sein könnte, als ihr euch das letzte Mal gesehen habt. Hast du ihn versehentlich beleidigt? Nicht laut genug über seine Witze gelacht? Warst du zu betrunken? Schlecht im Bett?

Weil der Ghost dir bei eurem letzten (oft auch einzigen) Treffen keinerlei Anlass für sein zukünftiges Desinteresse gegeben hat (im Gegenteil!), geht dein Kopfkino an: Kann es sein, dass der Ghost dich zufällig dabei beobachtet hat, wie du am Samstagmittag im Jogginganzug bei der Post in der Schlange standest? Kann er dich dabei beobachtet haben, wie du neulich verkatert Chicken Wings gegessen hast? Hat er vielleicht gesehen, dass du auf Facebook einen Post deines Ex geliked hast? Du zermarterst dir das Hirn darüber, warum sich der Ghost nicht mehr bei dir meldet. Zwischenzeitlich fragst du dich auch, ob dem Typen vielleicht etwas Schlimmes zugestoßen sein könnte. Vielleicht liegt er ja mit gebrochenen Beinen und Amnesie im Krankenhaus, die Schwestern haben ihm sein Handy weggenommen, und er schreit verzweifelt deinen Namen an die Decke.

In deiner verzerrten Wahrnehmung stellst du alles, was bei eurem letzten Treffen gutgelaufen ist, in Frage. Schließlich muss es einen Grund dafür geben, warum ein erwachsener Mann dich so plötzlich ignoriert. Dein Selbstwertgefühl sinkt mit jedem Tag, den sich der Ghost rausnimmt, deine SMS / deinen Anruf zu ignorieren.

Dass der Typ einfach ein Feigling ist, der nicht die Eier hat, auf stilvolle Art und Weise die Sache mit dir zu beenden, daran denkst du zu diesem Zeitpunkt leider noch nicht. Dabei ist der Ghost einfach nur faul und unhöflich, er will keinen Stress und hat aus welchen Gründen auch immer beschlossen, dich zu ignorieren.

Irgendwann, wenn du den Ghost hoffentlich abgehakt hast, erinnerst du dich auch wieder daran: Ein Mann, der sich ernsthaft für dich interessiert, dem ist es völlig egal, wie du samstags bei der Post anstehst oder wie du Chicken Wings isst oder ob du etwas bei Facebook likst oder nicht. Ein Mann, der halbwegs Stil und Würde besitzt, meldet sich. Auch wenn er vielleicht schlechte Nachrichten hat.

Das mag er: One-Night-Stand

Das mag er nicht: antworten

Style-Accessoire: Mailbox

Lieblingsdrink: Zombie

So gibst du ihm den Laufpass: Du rufst noch mal an.

Nr. 49
Der Pretender

*E*r ist der Heuchler unter den Männern und ein Garant für Liebeskummer. Leider gibt er sich nur auf Zwang zu erkennen, und meistens ist es dann bereits zu spät.

Der Pretender ist ein Mann, der dir am Anfang gefällt, egal, wie du ihn kennenlernst, er schafft es, dass du dich in ihn verliebst. Kein Wunder: Er sendet dir Signale, dass er auf dich steht. Er ist flirty und charmant, er will dich ständig wiedersehen, und er schreibt dir SMS, die sehr wohlformuliert klingen. Er lädt dich Samstagabend zum Essen ein, erzählt von seiner Familie, von seinem nervigen Kollegen und dass er spätestens mit 40 beruflich kürzertreten will, ein Haus bauen und so weiter. Immer wieder erwähnt der Pretender, dass er heiraten möchte und Kinder mag, und spätestens bei diesen beiden Schlagwörtern klingeln dir die Ohren. Hey, denkst du, nach eurem dritten Date, der Mann will eine Beziehung – mit keiner anderen als mit dir. Gleichzeitig ahnst du aber auch, dass der Typ irgendwie schüchtern sein muss, denn er macht keinerlei Anstalten, dich zu küssen. Aber das verzeihst du ihm, vielleicht lässt er sich ja einfach gern Zeit. Oder er ist romantisch veranlagt und will eben keine schnelle

Nummer. Ihr trefft euch wieder und wieder. So geht das über Wochen und Monate. Nichts passiert, und jedes Mal, wenn ihr euch seht, verliebst du dich noch ein bisschen mehr in den Pretender. Tief in dir drin ahnst du bereits: Das kann nicht gutgehen.

Es gibt eine Menge Regeln im Kennenlernen, diese hier trifft ohne Ausnahme grundsätzlich zu: Wenn ein Mann nicht spätestens nach dem dritten Treffen mit dir knutschen will, kannst du ihn vergessen. Leider reden Frauen sich oft genug das Gegenteil ein. Die simple Erkenntnis »Er steht einfach nicht auf mich« schmerzt nämlich, und deshalb tut man oft alles, um sie zu umgehen – auch wenn man sich dabei selbst belügen muss. Besonders fies: Der Pretender arbeitet bewusst gegen deinen Instinkt. Er gibt vor, ebenfalls Interesse an dir zu haben.

Der Pretender spürt freilich, dass du verknallt in ihn bist. Entweder ist er ein Narzisst, dem darauf einer abgeht, oder er nimmt sich selbst und seine ausgesprochenen Verbindlichkeiten nicht ernst genug. Jedenfalls werden das Warten auf das nächste Date und die Interpretation seiner SMS für dich immer anstrengender: Du fragst Freundinnen um Rat, jeden Smiley von ihm untersuchst du wie ein Röntgenbild, und auf WhatsApp checkst du, wann der Typ online ist. Dabei fühlst du dich schlecht, denn wenn man seine Würde derart an den Nagel hängt, hinterlässt das einen bitteren Geschmack. Aber du kannst nicht anders, du bist schließlich verliebt, und du hoffst, dass nach dem zehnten Date endlich mal was geht bei euch. Tut es aber nicht.

Für dich ist der Mann zu diesem Zeitpunkt leider noch

eine Art Schnecke, nicht der Pretender. Selbst wenn dir deine beste Freundin das Gegenteil sagt. Der Pretender nimmt dich vielleicht sogar als Begleitung auf eine Hochzeit mit oder wenigstens auf ein After-Work mit seinen Kollegen. Kein Wunder, dass du dir weiter Hoffnungen machst, denn der Pretender macht dir Komplimente und tut einfach alles dafür, dass du am Ball bleibst. Weil du nicht an derart enge Freundschaften zwischen Männern und Frauen glaubst, hoffst du weiterhin auf diesen einen magischen Moment, in dem dich der Pretender in den Arm nimmt und dir seine Liebe gesteht. Leider passieren manche Dinge wirklich nur im Film.

Hoffentlich bist du irgendwann so ausgelaugt, dass du den Pretender auf deine Gefühle ihm gegenüber ansprichst und endlich eine direkte Abfuhr kassierst – ansonsten geht eure Geschichte noch zwei Jahre weiter. Der Pretender genießt schließlich deine Anwesenheit und die Tatsache, dass alle um euch herum euch längst für ein Paar halten. Leider spielt der Mann mit deinen Emotionen, um sich selbst besser zu fühlen.

Das mag er: Kontakt mit dir

Das mag er nicht: zu viel Kontakt mit dir

Style-Accessoire: SMS/Mails/WhatsApp zu jeder Tageszeit

Sein Vorbild: sein Psychiater

So gibst du ihm den Laufpass: Du machst ihm einen Antrag.

Nr. 50
Der perfekte Mann

Wenn du ihn triffst, gehörst du zu den Glücklichen, denn der perfekte Mann ist der Mensch, nach dem du immer gesucht hast: Derjenige, mit dem du den Rest deines Lebens verbringen willst. Derjenige, mit dem du nach einem gemeinsamen Urlaub drei Stunden im Stau stehen kannst, und ihr habt euch trotzdem noch etwas zu erzählen. Der, den du sofort anrufen willst, wenn dir etwas Schlimmes oder Schönes passiert ist – einfach, weil du hören willst, was er dazu sagt. Der, mit dem du schweigend nebeneinander gehen kannst, ohne dass es sich auch nur eine Sekunde lang peinlich anfühlt. Der Mann, an dessen Pullovern du riechst, wenn er nicht da ist.

Welche Charaktereigenschaften er auch haben mag, ob er humorvoll, großzügig oder warmherzig ist, das kommt ganz allein auf dich und deine Vorlieben an. Sogar seine Macken wirst du liebenswert finden: Der perfekte Mann kann klein und untersetzt sein, arm oder kahlköpfig, vielleicht sammelt er Action-Plastikfiguren oder kann nicht mit Gangschaltung fahren. Aber er ist dein Mann – und das macht ihn perfekt.

Das Problem an ihm ist nur: Er versteckt sich irgendwo

zwischen diesen ganzen verrückten Typen, dem Joker, dem Pegelcasanova oder dem Prosa-Prinzen. Es ist dir manchmal also fast nicht möglich, ihn zu erkennen, wenn du ihn triffst, seine Signale richtig zu deuten und gleichzeitig keine falschen zu senden. Die bittere Wahrheit ist: Die meisten Beziehungen kommen gar nicht erst zustande.

Vielleicht kennst du den perfekten Mann bereits, vielleicht triffst du ihn erst in zehn Jahren – oder er bleibt dir für immer verborgen. So lange hilft nur eines: Sich mit den Männern zu begnügen, die es nicht unbedingt verdient haben, idealisiert zu werden (siehe Typ 1 bis 49). Einige davon sind ja auch gar nicht so übel. Andere sollten lieber gleich ins Fegefeuer übersiedeln.

Es bringt nichts, sich als Frau hinter überzogenen Ansprüchen an die Männerwelt zu verstecken und die Liebe wie ein kleines Königreich zu betrachten, das in unerreichbar weiter Ferne versteckt liegt. Aber du solltest dich auch nicht mit dem Erstbesten zufriedengeben (und schon gar nicht mit den besonders schlimmen Typen, die es sich zum Sport gemacht haben, Frauen das Herz zu brechen). Selbst alleine und in der Warteschleife auf den perfekten Mann kannst du dich an den vielen unzufriedenen Paaren trösten, die nebeneinanderher leben, Jahr für Jahr, die Liebe längst verloren haben, und alles, was gegen eine Trennung spricht, ist Faulheit.

Oder du siehst dir den Mann von nebenan mal etwas genauer an, der, mit dem du vielleicht sowieso schon zusammen bist. Er ist unter Umständen gar nicht so schlimm, wenn er nicht haargenau einem der Typen auf den vorigen Seiten entspricht.

Das mag er: dich

Das mag er nicht: andere Frauen

Style-Accessoire: Ehering

Lieblingsfilm: »Love Story«

So findest du ihn: Mach die Augen auf.